Klasse 3/4

Horst Hartmann

Die Zeitformen in der Grundschule

1 Präsens und Präteritum

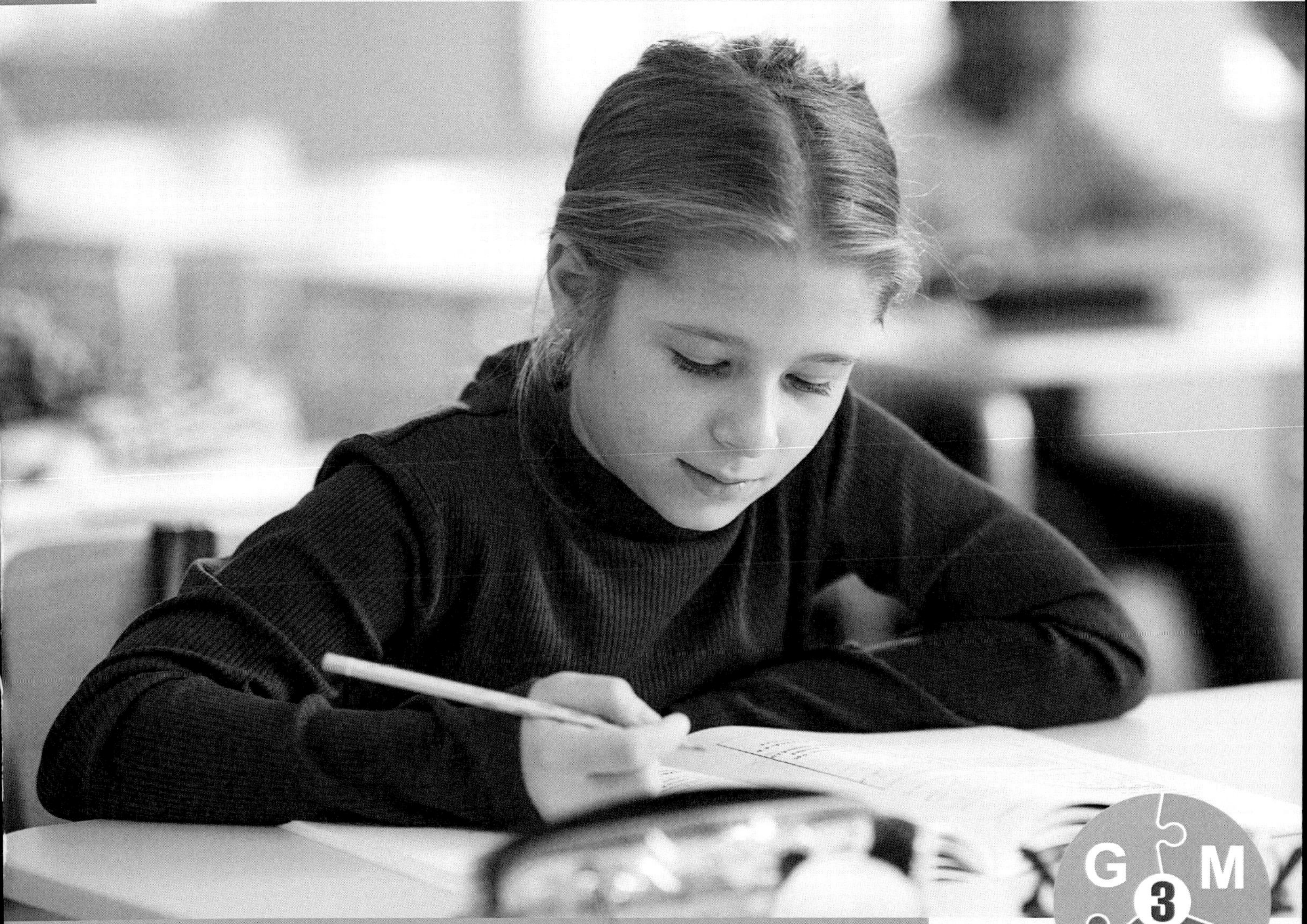

Regeln und Übungen zur Stärkung und Festigung

Präsens und Präteritum

Die Zeitformen

9. Auflage 2026

Inhalt: Horst Hartmann
Umschlagbild: © Karoon Cha, volondoff & Drazen - AdobeStock.com
Redaktion: Kohl-Verlag
Grafik & Satz: Kohl-Verlag
Druck: farbo prepress GmbH, Köln

Bestell-Nr. 11 739

ISBN: 978-3-95686-832-0

Verwendete Schrift: *„Grundschrift" von Christian Urff, lizenziert unter CC-BY 3.0*

Bildquellen:

Seite 8 © Konovalov Pavel - fotolia.com; Seite 9 © drubig-photo - fotolia.com; © Gerhardt Seybert - fotolia.com, © Trueffelpix - fotolia.com; Seite 10 © Syda Productions - fotolia.com; Seite 13 © photo 5000 - fotolia.com; Seite 16 © GiZGRAPHICS - fotolia.com; Seite 17 © GiZGRAPHICS - fotolia.com; Seite 28 © clipart.com; Seite 29 © clipart.com; Seite 30 © clipart.com; Seite 31 © clipart.com; Seite 32 © HandmadePictures - fotolia.com; Seite 33 © clipart.com; Seite 34 © contrastwerkstatt - fotolia.com; Seite 35 © clipart.com; Seite 39 © Kohl-Verlag; Seite 40 © Christian Musat - fotolia.com; Seite 41 © clipart.com; Seite 42 © clipart.com; Seite 44 © highwaystarz - fotolia.com; Seite 45 © ya_mayka - fotolia.com, © ya_mayka - fotolia.com, © Traci Law - fotolia.com, © amplion - fotolia.com; Seite 46 © clipart.com; Seite 47 © olaj755 - fotolia.com, © HandmadePictures - fotolia.com; Seite 48 © purplequeue - fotolia.com; Seite 49 © Marco2811 - fotolia.com; Seite 51 © Waldemar Mandzel; Seite 52 © clipart.com; Seite 53 © sester 1848 - fotolia.com; Seiten 3-64 © fotomek - fotolia.com

Kontakt: Kohl-Verlag, An der Brennerei 37-45, 50170 Kerpen
Tel: +49 2275 331610, Mail: info@kohlverlag.de

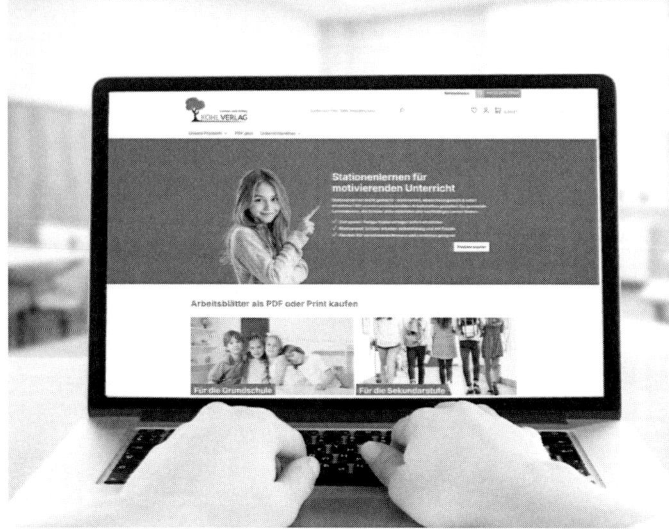

Der vorliegende Band ist eine Print-Einzellizenz

Sie wollen unsere Kopiervorlagen auch digital nutzen? Kein Problem – fast das gesamte KOHL-Sortiment ist auch sofort als PDF-Download erhältlich! Wir haben verschiedene Lizenzmodelle zur Auswahl:

	Print-Version	PDF-Einzellizenz	PDF-Schullizenz	Kombipaket Print & PDF-Einzellizenz	Kombipaket Print & PDF-Schullizenz
Unbefristete Nutzung der Materialien	x	x	x	x	x
Vervielfältigung, Weitergabe und Einsatz der Materialien im eigenen Unterricht	x	x	x	x	x
Nutzung der Materialien durch alle Lehrkräfte des Kollegiums an der lizensierten Schule			x		x
Einstellen des Materials im Intranet oder Schulserver der Institution			x		x

Die erweiterten Lizenzmodelle zu diesem Titel sind jederzeit im Online-Shop unter www.kohlverlag.de erhältlich.

Inhaltsverzeichnis

Vorwort

Der Band vermittelt und übt wichtiges, grundlegendes Grammatikwissen zum Gebrauch der Zeitformen Präsens und Präteritum. Das Konzept bietet neben grundlegenden und vielfältigen Regeln und Übungen im differenzierenden Bereich zusätzliche Materialien für Kinder mit besonderem Förderbedarf an und berücksichtigt, ebenso Kinder, die sprachliche Herausforderungen suchen.

Aufbaubeispiele aus dem Inhalt in kleinschrittiger Umsetzung: Die Kinder ...

- betrachten und üben die Zeitformen einzeln,
- beantworten die Frage: Was ist was?,
- übertragen Texte in die jeweils andere Zeitform,
- erkennen die Infinitive und vieles andere mehr.

Die Zeiten und ihre Formen stellen an den Lernenden im Gegensatz zu vielen anderen Sprachen eine besondere Herausforderung und erfordern immer wieder besondere Übungen und Wiederholungen.

Inhaltlich orientieren sich die Text- und Satzbeispiele an den Interessen und dem Alltag der Schülerinnen und Schüler. Im ersten Teil werden grundlegende Begriffe erarbeitet und mit einfachen Aufgaben erklärt. Regeln zur Bildung der einzelnen Zeiten werden aufgestellt und an leichten bis mittelschweren Aufgaben eingeübt. Diese Aufgaben sind absichtlich überwiegend in demselben Schema gehalten, um Automatismen zu entwickeln.

Die Übungen im differenzierenden Bereich sind dagegen bewusst abwechslungsreicher gestaltet. Hier findet man Lückentexte, Aufgaben zum Erkennen von Verben, Suchsel, kurze Texte, in denen die Zeiten erkannt oder umgeformt werden müssen und vieles mehr.

Innerhalb der Bereiche gibt es drei Schwierigkeitsstufen zur Differenzierung.

● = grundlegendes Niveau

! = mittleres Niveau

★ = erweitertes Niveau

Die Aufgaben zum grundlegenden Niveau sollten von allen Schülern bearbeitet werden können. Aufgaben mit mittlerem Niveau bieten Erweiterungen und höhere Anforderungen als das grundlegende Niveau. Die Aufgaben des erweiterten Niveaus sind sogenannte Expertenaufgaben und enthalten vertiefende oder weiterführende Aufgabenstellungen.

Entsprechend dem Spiegelbild der meisten Schulklassen ist das mittlere Niveau mit den meisten Übungen vertreten, die Sie selbstverständlich auch selber noch etwas modifizieren und dann auch in einer anderen Niveaustufe einsetzen können.

Zur Erleichterung der Arbeitskontrolle findet man am Ende entsprechende Lösungsmöglichkeiten. Diese sind teilweise nur Vorschläge, da einige Aufgaben individuelle Lösungen zulassen.

Viel Freude und Erfolg beim Einsatz der Materialien wünschen Ihnen das Redaktionsteam des Kohl-Verlages und

Horst Hartmann

1 Verben

1.1 Was sind Verben?

- Verben sagen dir, was jemand macht oder tut. Deswegen nennt man sie auch „Tätigkeitswörter" oder „Tun-Wörter".
- Weil Verben zusätzlich aber auch die Zeitform angeben, werden sie auch „Zeitwörter" genannt.

Aufgabe 1: *Finde in den Kreisen die Begriffe, die die Wortart für eine Tätigkeit angeben und schreibe sie auf.*

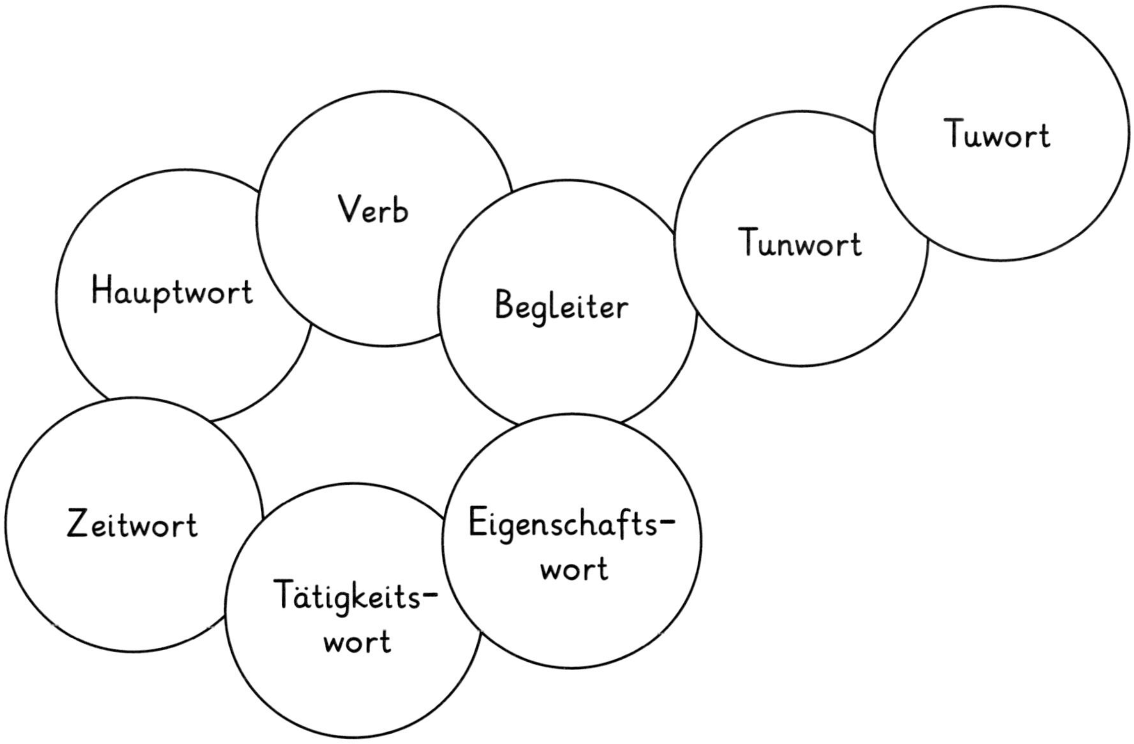

Tuwort

Verb

Tunwort

Hauptwort

Begleiter

Zeitwort

Eigenschafts-wort

Tätigkeits-wort

1. ____________________________________

2. ____________________________________

3. ____________________________________

4. ____________________________________

5. ____________________________________

1 Verben

Aufgabe 2: *In jedem der 3 Trapeze stehen: 1 Verb, 1 Hauptwort und 1 Eigenschaftswort. Finde die Verben und schreibe sie auf.*

a)	b)	c)
essen	Buch	sauer
• lecker	• dick	• trinken
• Apfel	• lesen	• Saft

__________ __________ __________

Aufgabe 3: *Bilde aus den Worten in jedem Trapez einen Satz und unterstreiche das Verb.*

1.2 Verben im Infinitiv

Jedes Verb hat im Deutschen auch einen Infinitiv. Der Infinitiv ist die Grundform und endet auf -en oder -n. Diese Endung wird einfach an den Wortstamm angehängt. Wenn du ein Verb in einem Wörterbuch suchst, wirst du es immer im Infinitiv finden.

Aufgabe 1: *Bilde aus diesen Wortstämmen den Infinitiv.*

Wortstamm	Infinitiv
spring	spring**en**
trink	
schlaf	
find	
schreib	
ruf	
lern	

Aufgabe 2: *Unterstreiche in den Pfeilen das Verb und setze es dann im Infinitiv in die Sprechblase.*

Ich löse diese Aufgaben.	____________
Paul liest ein spannendes Buch.	____________
Der Monteur repariert das Auto.	____________
Der Motor verliert viel Öl.	____________
Die Reparatur kostet 230 €.	____________

1 Verben

1.3 Verben werden klein geschrieben

Weil man Verben weder sehen noch anfassen kann, werden sie klein geschrieben.

Es gibt jedoch zwei Ausnahmen:

1. ***Am Satzanfang schreibt man auch Verben groß.***

   Beispiele:

   Schlafen muss jeder Mensch.

   Lernst du in der Schule viel, dann hilft dir das später.

   Betrachtest du den Vollmond genauer, dann siehst du den „Mann im Mond".

2. ***Wenn vor dem Verb ein Begleiter (Artikel) steht, dann wird das Verb auch groß geschrieben, denn dann wird aus dem Verb ein Hauptwort (Nomen).***

   Beispiele:

   Das Abschreiben ist in der Schule verboten.

   Maria fällt **das Schreiben** schwerer als **das Lesen**.

Aufgabe 3: *Setze die richtige Verbform von „**spielen**" in den Satz ein. Überlege, ob du **groß** oder **klein** schreiben musst.*

Jürgen ____________________ Klavier.

____________________ ist sein Hobby.

Bei dem ____________________ vergisst er sogar seine Freunde.

1.4 Verben als Zeitwörter

Du hast sicher schon gelernt, dass man Verben auch Zeitwörter nennt. Zeitwörter sagen dir aber nicht, wie spät es ist. Sie sagen dir jedoch, zu **welcher** Zeit jemand etwas tut.

Das Verändern des Infinitivs durch die Zeit oder die Person nennt man **konjugieren**.

Wenn jemand **jetzt** etwas tut, dann ist das die **Gegenwart**. Der lateinische Begriff für Gegenwart lautet **Präsens**.

Wenn jemand das aber gestern, vorgestern oder letzte Woche getan hat, dann ist bis jetzt schon Zeit **vergangen**. Deswegen nennt man diese Zeit **Vergangenheit**, lateinisch **Präteritum**.

Beispiel:

er baute ein Haus

er baut ein Haus

er wird ein Haus bauen

Vergangenheit	Gegenwart	Zukunft

Aufgabe 1: *Schreibe folgende Verben an die richtige Stelle unter den Zeitstrahl. Benutze das Personalpronomen „**er**".*

	Vergangenheit	Gegenwart	Zukunft
a) hauen:	______	______	______
b) sagen:	______	______	______
c) winken:	______	______	______

2.1 Wann gebrauche ich das Präsens?

Das Präsens (die Gegenwart) ist die Zeit, die im Deutschen am häufigsten gebraucht wird.

3 Tätigkeiten werden mit dem Präsens ausgedrückt:

a) ***Eine Tätigkeit, die in der Gegenwart gerade jetzt stattfindet. Aber auch Tätigkeiten, die nie stattfinden.***

Beispiel: Klaus spielt Fußball. Ali spielt **nie** Fußball. Du liest **gerade** diesen Text.

b) ***Eine Tätigkeit, die regelmäßig stattfindet.***

Beispiel: Klaus spielt jeden Samstag Fußball. Ali steht **jeden Morgen** früh auf. Wir fahren **jedes Jahr** in den Schwarzwald.

c) ***Eine Tätigkeit, die in der Zukunft bereits geplant ist.***

Beispiel: **Nächsten Sonntag** spielt Klaus auch Fußball. **Morgen** steht Ali später auf, denn **morgen** ist Sonntag. **Nächstes Jahr** fahren wir nicht in den Schwarzwald, sondern an die Ostsee.

2.2 Wie bildet man das Präsens?

Alle Verben haben eine Grundform. Der Name dafür ist „**Infinitiv**". Der Infinitiv endet immer auf **-en** oder **-n**. Um aus dem Infinitiv das Präsens zu bilden, musst du diese Endung jetzt einfach abgetrennt und durch andere Personal-Endungen ersetzen.

Vorab einige Fachbegriffe:

Konjugieren: Das Verändern des Infinitivs durch eine Person oder durch die Zeit.

Personalpronomen: Ersatzwort für eine Person, z. B.: „**er**" als Ersatzwort für „**der Mann**". ***Beispiel:*** Der Mann liest die Zeitung – er liest die Zeitung.

Singular (Abkürzungen. Sg. oder Sing. = Einzahl): z. B. „**er**" als Ersatzwort für „**der Junge**". ***Beispiel:*** Der Junge geht zum Sportplatz – er geht zum Sportplatz.

Plural (Abkürzungen Pl. oder Plur. = Mehrzahl): z. B.: „**sie**" als Ersatzwort für „**die Männer**". ***Beispiel:*** Die Jungen spielen Fußball – sie spielen Fußball.

Die Personalendungen:

	Person	Endung	Beispiele
Singular	1. Person: **ich**	**-e**	**ich** schreibe, **ich** lerne
	2. Person: **du**	**-(e)st**	**du** schreibst, **du** lernst
	3. Person: **er/sie/es**	**-(e)t**	**er/sie/es** schreibt, **er/sie/es** lernt
Plural	1. Person: **wir**	**-en**	**wir** schreiben, **wir** lernen
	2. Person: **ihr**	**-(e)t**	**ihr** schreibt, **ihr** lernt
	3. Person: **sie**	**-en**	**sie** schreiben, **sie** lernen

Aufgabe 1: *Vervollständige die Tabelle.*

	Person	Infinitive	Präsens
Singular	1. Person	klettern	
	2. Person	arbeiten	
	3. Person	beichten	
Plural	1. Person	klagen	
	2. Person	brüllen	
	3. Person	hängen	
Singular	1. Person	brüllen	
	2. Person	klagen	
	3. Person	hängen	
Plural	1. Person	klettern	
	2. Person	arbeiten	
	3. Person	beichten	

Aufgabe 2: *Fülle die Sprechblasen entsprechend aus.*

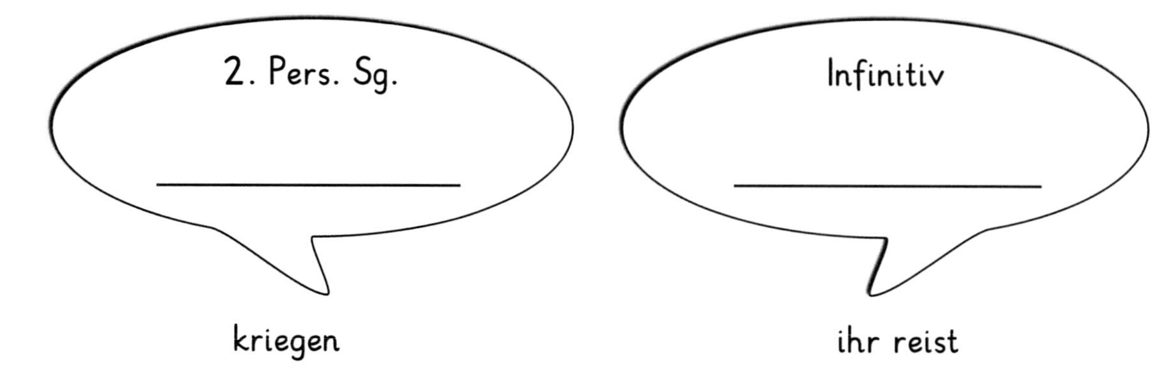

kriegen

ihr reist

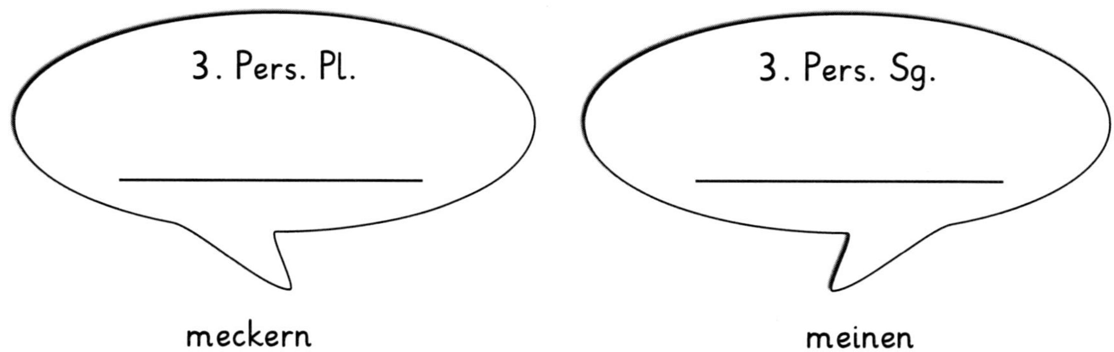

meckern

meinen

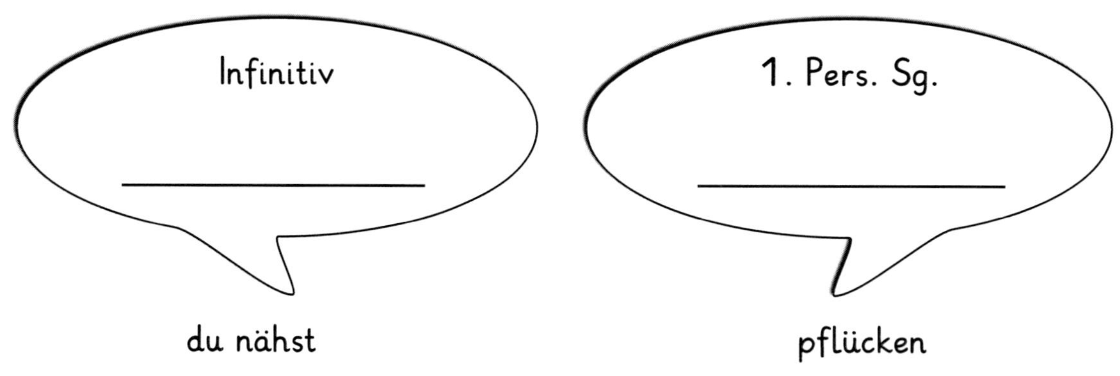

du nähst

pflücken

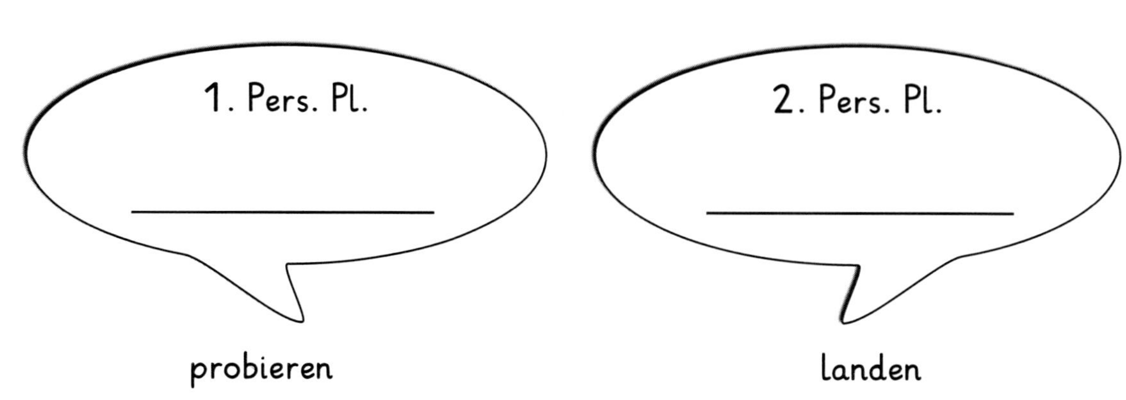

probieren

landen

Präsens

Aufgabe 3: *Setze die Verben der Reihe nach in den Lückentext ein und bestimme die Person.*

kaufen | lieben | schmecken | naschen | schreiben | verzehren

Beispiel: Unser Lehrer **schreibt** die Hausaufgaben an die Tafel. (3. Pers. Sing.)

Lösung:

a) Mutter ________________ jeden Samstag frische Bananen.
(________________)

b) Wir Kinder ________________ frische Bananen.
(________________)

c) Sie ________________ so herrlich fruchtig.
(________________)

d) Voller Genuss ________________ wir das ganze Wochenende von den Früchten.
(________________)

e) ____________________ du mir mal, ob du auch gerne Obst
____________________?
(________________)

2.3 Das Präsens für die Zukunft

Hast du schon einmal gehört, dass man das Präsens auch anwendet, wenn man etwas beschreiben will, das für die Zukunft schon geplant ist? In diesen Sätzen findest du häufig entsprechende Signalwörter, wie z. B.: morgen, übermorgen, nächste Woche, übernächste Woche, nächsten Mittwoch, nächsten Monat, nächstes Jahr usw.

Aufgabe 1: *Bilde aus diesen Wörtern einen ganzen Satz. Setze am Ende des Satzes immer einen Punkt. Achte auf die richtige Groß- und Kleinschreibung. Verändere die Verben, wenn nötig.*

Gehen – in den Zoo – wir – morgen.

____.

Schreiben – Test – nächsten Montag – ihr – einen.

____.

Du – Geburtstag feiern – nächste Woche – deinen.

____.

Maria – ihre Eltern – nächstes Jahr – mit – fahren – nach Italien.

____.

Übernächste Woche – ich ins Kino – gehen.

____.

Aufgabe 2: *In dieser Wortschlange findest du Nomen, Adjektive, Verben und Personalpronomen. Entwirre die Schlange, schreibe sie auf und unterstreiche die Verben und die handelnde Person (Nomen oder Personalpronomen). Denke auch daran, Satzzeichen zu setzen.*

PETERFÄHRTJEDENMORGENMITDEMFAHRRADZURSCHULEMORGEN FAHRENWIRABERZUSAMMENMITDEMGROSSENBUSGEHTIHRZU-FUSSZURSCHULEODERFAHRTIHRAUCHPETERSKLEINEBRÜDERGEHEN-NOCHINDENKINDERGARTENICHFINDESIEUNHEIMLICHSÜSS.

2 Präsens

Aufgabe 3: *In diesen Sätzen sind alle Wörter rückwärts geschrieben. Schreibe sie richtig auf und unterstreiche die Verben und die Signalwörter, die die Zukunft ausdrücken.*

a) nieMredurBtbierhcsedareg nie .thcideG

____.

b) rEtbierhcsnedej .gaT

____.

c) negroMtbierhcsrennadhcon nie .thcideG

____.

d) hcleseletshcänehcoWellaenies .ethcideG

____.

e) riWnehetsrevsnu .tug

____.

f) setshcäNrhaJthciltneffövevniemredurB nie hcuBtimnellanenies .nethcideG

____.

g) tsbierhcSudhcua ?ethcideG

____.

Aufgabe 4: *Bestimme die Person.*

Beispiel: Ich gehe = **1. Pers. Sing.**

a) Wir murmeln = ____________________

b) Ihr tanzt = ____________________

c) Du meinst = ____________________

d) Sie lachen = ____________________

e) Ich probiere = ____________________

f) Er flucht = ____________________

3 Präteritum

3.1 Wann gebrauche ich das Präteritum?

Das Präteritum (die Vergangenheit) gebrauchen wir, um auszudrücken, was in der Vergangenheit war.

a) Wir beschreiben damit eine Tätigkeit, die in der Vergangenheit stattfand und jetzt beendet ist.

Beispiel: Gestern fuhr ich mit meinen Eltern in den Zoo.

b) Wir beschreiben damit eine Tatsache, die in der Vergangenheit gültig war.

Beispiel: Das Wetter war gestern einfach super!

3.2 Wie bildet man das Präteritum?

Du hast ja sicher schon gehört, dass der Infinitiv die Grundform der Verben ist und immer auf **-en** oder **-n** endet. Um aus dem Infinitv das Präteritum zu bilden, musst du diese Endung abtrennen und durch andere Personal-Endungen ersetzen. Dabei musst du aber zwischen schwachen (regelmäßigen) und starken (unregelmäßigen) Verben unterscheiden.

„**Regelmäßige Verben**" sind „**schwache Verben**", die den Stammvokal beibehalten und im Präteritum lediglich ein **-t** oder ein **-et** vor der Personalendung angehängt bekommen.

„**Unregelmäßige Verben**" sind „**starke Verben**", die einen anderen Stammvokal als im Infinitiv haben.

3.3 Regelmäßige (schwache) Verben

Bei „**regelmäßigen Verben**" („**schwachen Verben**"), bildest du das Präteritum, indem du lediglich ein **-t** oder ein **-et** nach dem Wortstamm und die Personalendung im Präteritum anhängst.

Beispiel: Infinitiv: reden. Der Wortstamm ist: **red**

	Person	Präsens	Präteritum
Singular	1. Person: **ich**	**red- e**	**red-et-e**
	2. Person: **du**	**red-(e)st**	**red-et-est**
	3. Person: **er/sie/es**	**red- (e)t**	**red-et-e**
Plural	1. Person: **wir**	**red- en**	**red-et-en**
	2. Person: **ihr**	**red- et**	**red-et-et**
	3. Person: **sie**	**red- en**	**red-et-en**

Wortstamm

Personalendung im Präsens

Wortstamm

t oder et

Personalendung im Präteritum

3.4 Übungen zu regelmäßigen (schwachen) Verben

Aufgabe 1: *Vervollständige die Tabelle.*

	Person	Infinitiv	Präteritum
Singular	1. Person	leben	
	2. Person	heiraten	
	3. Person	tanzen	
Plural	1. Person	kochen	
	2. Person	fegen	
	3. Person	mähen	

3 Präteritum

Aufgabe 2: *Setze folgende regelmäßige Verben erst in das Präsens. Setze sie anschließend in das Präteritum. Benutze dabei die Personalpronomen in den Klammern.*

Infinitiv	Präsens	Präteritum
basteln (3. Pers. Sing.)	er bastelt	er bastelte
rechnen (2. Pers. Sing.)		
bauen (1. Pers. Pl.)		
bellen (3. Pers. Sing.)		
hören (1 Pers. Sing.)		
grillen (1. Pers. Pl.)		
planen (3. Pers. Pl.)		

Aufgabe 3: *Verbinde einen Satzteil aus dem Kasten mit einem Verb aus dem Stern und einem Satzteil aus dem Kreis und bilde daraus einen Satz im Präsens. Streiche die benutzten Wörter durch. Forme diesen Satz danach ins Präteritum um. Schreibe insgesamt 5 Satzpaare auf.*

Der Vater
Der Hund
Du
Die Küchen-angestellten
Die Kinder
Ich

Kartoffeln.
in seiner Hütte.
laut in mein Taschentuch.
vor der Garage.
sehr laute Musik.
vor Freude.

Beispiel: a) Präsens: Der Hund bellt in seiner Hütte.
Präteritum: Der Hund bellte in seiner Hütte.

b) Präsens: ______________________________

Präteritum: ______________________________

c) Präsens: ______________________________

Präteritum: ______________________________

d) Präsens: ______________________________

Präteritum: ______________________________

e) Präsens: ______________________________

Präteritum: ______________________________

f) Präsens: ______________________________

Präteritum: ______________________________

Lernen mit Erfolg KOHL VERLAG
Präsens und Präteritum
Die Zeitformen – Bestell-Nr. 11 739

3 Präteritum

Aufgabe 4: *Bestimme das Verb und schreibe es dann im Infinitiv auf.*

Beispiel: sie öffneten: 3. Pers. Pl. Präteritum von öffnen.

a) er angelt: ______________________

b) ihr bautet: ______________________

c) ich bade: ______________________

d) du blinzeltest: ______________________

e) es endete: ______________________

f) wir nähen: ______________________

Aufgabe 5: *In der letzten Aufgabe hast du die Verben bestimmt. Schreibe jetzt zu jedem Verb einen Satz. Aber:* ***verändere die Zeit!*** *Wenn das Verb z. B. im Präsens stand, dann soll es jetzt in deinem Satz im* ***Präteritum*** *stehen! Personalpronomen darfst du auch durch ein Nomen ersetzen.*

Beispiel: sie öffneten

Dein Satz: Die Kinder öffnen ihre Geschenke.

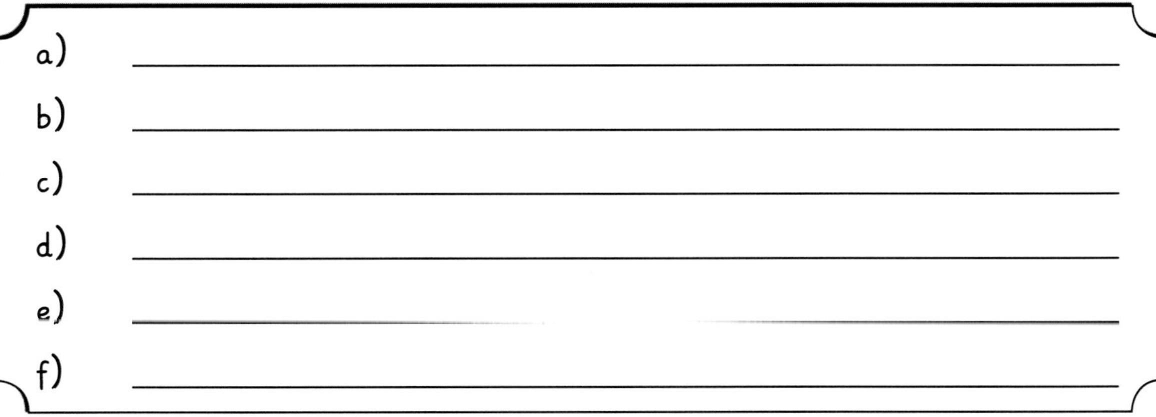

a) ______________________

b) ______________________

c) ______________________

d) ______________________

e) ______________________

f) ______________________

3.5 Unregelmäßige (starke) Verben

Bei „**unregelmäßigen Verben**" („**starken Verben**"), ist es schwieriger, das Präteritum zu bilden als bei den „schwachen Verben". Die etwa 200 „starken Verben" haben **im Präteritum** nämlich **einen anderen Stammvokal** als im Infinitiv. Und da hilft oft nur:

AUSWENDIG LERNEN!

Regel	Beispiele	Präsens	Präteritum
Regel 1			
aus a wird u	schlagen, fahren	ich schlage, fahre	ich schlug, fuhr
aus a wird i	fangen, empfangen	ich fange, empfange	ich fing, empfing
aus a wird ie	raten, braten	ich rate, brate	ich riet, briet
Regel 2			
aus au wird ie	laufen, hauen	ich laufe, ich haue	ich lief, hieb
aus au wird o	saugen	ich sauge	ich sog
Regel 3			
aus e wird a	sprechen, nehmen	ich spreche, nehme	ich sprach, nahm
Regel 4			
aus ei wird i	schneiden, reiten	ich schneide, reite	ich schnitt, ritt
aus ei wird ie	schreiben, bleiben	ich schreibe, bleibe	ich schrieb, blieb
Regel 5			
aus i wird a	trinken, singen	ich trinke, singe	ich trank, sang
Regel 6			
aus ie wird o	ziehen, fliegen	ich ziehe, fliege	ich zog, flog
aus ie wird a	liegen	ich liege	ich lag
Regel 7			
aus u wird ie	rufen	ich rufe	ich rief
aus u wird a	tun	ich tue	ich tat

3 Präteritum

Aufgabe 4: *Bestimme das Verb und schreibe es dann im Infinitiv auf.*

Beispiel: sie öffneten: 3. Pers. Pl. Präteritum von öffnen.

a) er angelt: ____________________________

b) ihr bautet: ____________________________

c) ich bade: ____________________________

d) du blinzeltest: ____________________________

e) es endete: ____________________________

f) wir nähen: ____________________________

Aufgabe 5: *In der letzten Aufgabe hast du die Verben bestimmt. Schreibe jetzt zu jedem Verb einen Satz. Aber:* ***verändere die Zeit!*** *Wenn das Verb z. B. im Präsens stand, dann soll es jetzt in deinem Satz im* ***Präteritum*** *stehen! Personalpronomen darfst du auch durch ein Nomen ersetzen.*

Beispiel: sie öffneten

Dein Satz: Die Kinder öffnen ihre Geschenke.

a) ____________________________________

b) ____________________________________

c) ____________________________________

d) ____________________________________

e) ____________________________________

f) ____________________________________

3.5 Unregelmäßige (starke) Verben

Bei „**unregelmäßigen Verben**" („**starken Verben**"), ist es schwieriger, das Präteritum zu bilden als bei den „schwachen Verben". Die etwa 200 „starken Verben" haben **im Präteritum** nämlich **einen anderen Stammvokal** als im Infinitiv. Und da hilft oft nur:

AUSWENDIG LERNEN!

Regel	Beispiele	Präsens	Präteritum
Regel 1			
aus a wird u	schlagen, fahren	ich schlage, fahre	ich schlug, fuhr
aus a wird i	fangen, empfangen	ich fange, empfange	ich fing, empfing
aus a wird ie	raten, braten	ich rate, brate	ich riet, briet
Regel 2			
aus au wird ie	laufen, hauen	ich laufe, ich haue	ich lief, hieb
aus au wird o	saugen	ich sauge	ich sog
Regel 3			
aus e wird a	sprechen, nehmen	ich spreche, nehme	ich sprach, nahm
Regel 4			
aus ei wird i	schneiden, reiten	ich schneide, reite	ich schnitt, ritt
aus ei wird ie	schreiben, bleiben	ich schreibe, bleibe	ich schrieb, blieb
Regel 5			
aus i wird a	trinken, singen	ich trinke, singe	ich trank, sang
Regel 6			
aus ie wird o	ziehen, fliegen	ich ziehe, fliege	ich zog, flog
aus ie wird a	liegen	ich liege	ich lag
Regel 7			
aus u wird ie	rufen	ich rufe	ich rief
aus u wird a	tun	ich tue	ich tat

3.6 Regeln zu unregelmäßigen Verben

1. Regel:

Aus dem a im Wortstamm wird im **Präteritum**
ein u oder ein i oder ein ie.
Zusätzlich ändern einige dieser Verben auch noch den Stammvokal in der **3. Pers. Sing. Präsens**.

Beispiele: aus a wird u im Präteritum

- tragen, er trägt, er trug
- graben, er gräbt, er grub

Weitere Verben: laden, schlagen, wachsen, waschen.

Beispiele: aus a wird i im Präteritum

Achtung, nur 2 Verben:

- fangen, er fängt, er fing
- empfangen, er empfängt, er empfing

Beispiele: aus a wird ie im Präteritum

- schlafen, er schläft, er schlief
- lassen, er lässt, er ließ

Weitere Verben: raten, halten, blasen, braten, fallen.

2. Regel:

Aus dem au im Wortstamm wird im **Präteritum**
ein ie oder ein o.

Beispiele: aus au wird ie im Präteritum

- hauen, er haut, er hieb (oder haute)
- laufen, er läuft, er lief

Beispiele: aus au wird o im Präteritum

- saugen, er saugt, er sog (oder saugte)
- saufen, er säuft, er soff

3 Präteritum

3. Regel:

> Aus dem e im Wortstamm wird im **Präteritum** ein a.
> Zusätzlich ändern einige dieser Verben auch noch den Stammvokal in der **3. Pers. Sing. Präsens** in ein ie oder ein i.

Beispiele: aus e wird a im Präteritum

- stehlen, er stiehlt, er stahl

Weitere Verben, auf die diese Regel zutrifft und die die **3. Pers. Sing. Präsens** mit ie bilden sind: lesen, geschehen, sehen, befehlen, stehlen, empfehlen, gebären.

Beispiele: aus e wird a:

- brechen, er bricht, er brach

Weitere Verben, auf die diese Regel zutrifft und die die **3. Pers. Sing. Präsens** mit i bilden, sind: vergessen, messen, treten, bergen, erschrecken, essen, fressen, geben, gelten, helfen, nehmen, schelten, bersten, sprechen, stechen, sterben, werfen, verderben, werben.

---

4. Regel:

> Aus dem ei im Wortstamm wird im **Präteritum** ein i oder ie.
> Diese Verben ändern ihren Stammvokal in der 3. Pers. Sing. Präsens nicht.

Beispiele: aus ei wird i im Präteritum

- beißen, er beißt, er biss
- reiten, er reitet, er ritt

Weitere Verben: streiten, streichen, bleichen, gleiten, gleichen, greifen, kneifen, pfeifen, leiden, reißen, schmeißen, schleichen, schleifen, schneiden, schreiten, weichen.

Beispiele: aus ei wird ie im Präteritum

- schreiben, er schreibt, er schrieb
- bleiben, er bleibt, er blieb

Weitere Verben: heißen, treiben, steigen, scheinen, gedeihen, leihen, meiden, reiben, preisen, schreien, schweigen, speien, weisen, verzeihen.

3 Präteritum

5. Regel:

Aus dem i im Wortstamm wird im **Präteritum** ein a.
Diese Verben ändern ihren Stammvokal in der **3. Pers. Sing. Präsens** nicht.

Beispiele: aus i wird a im Präteritum

- trinken, er trinkt, er trank
- singen, er singt, er sang

Weitere Verben: finden, zwingen, (ein-)dringen, binden, bitten, gelingen, klingen, sitzen, ringen, schlingen, schwingen, schwinden, stinken, sinken, winden.

6. Regel:

Aus dem ie im Wortstamm wird im **Präteritum** ein a oder ein o.
Diese Verben ändern ihren Stammvokal in der **3. Pers. Sing. Präsens** nicht.

Beispiele: aus ie wird a im Präteritum

- liegen, er liegt, er lag

Achtung: Liegen ist das einzige Verb, bei dem der Stammvokal ie im Präteritum zum a wird.

Beispiele: aus ie wird o im Präteritum

- kriechen, er kriecht, er kroch
- biegen, er biegt, er bog

Weitere Verben: bieten, fliegen, fliehen, gießen, genießen, frieren, riechen, schießen, schließen, sprießen, schieben, sieden, verlieren, verdrießen, wiegen, ziehen.

7. Regel:

Aus dem u im Wortstamm wird im **Präteritum** ein a oder ein ie.
Diese Verben ändern ihren Stammvokal in der **3. Pers. Sing. Präsens** nicht.

Beispiele: aus u wird a oder ie im Präteritum

- tun, er tut, er tat
- rufen, er ruft, er rief

Achtung: Diese Regel trifft nur auf die Verben **tun** und **rufen** zu.

3.7 Übungen zu unregelmäßigen Verben

Aufgabe 1: *Vervollständige die Tabelle.*

Infinitiv	3. Person Singular / Präsens	3. Person Singular / Präteritum
tragen	er trägt	er trug
laden	er	
waschen	...	
graben		
schlagen		
wachsen		

Aufgabe 2: *Vervollständige die Tabelle.*

Infinitiv	3. Person Singular / Präsens	3. Person Singular / Präteritum
fangen		
empfangen		

Aufgabe 3: *Vervollständige die Tabelle.*

Infinitiv	3. Person Singular / Präsens	3. Person Singular / Präteritum
schlafen	er schläft	er schlief
lassen	er	
raten	...	
halten		
blasen		
braten		
fallen		

Aufgabe 4: *Vervollständige die Tabelle.*

Infinitiv	3. Person Singular / Präsens	3. Person Singular / Präteritum
hauen	er haut	er hieb (haute)
laufen		
saugen		
saufen		
schnauben		

Aufgabe 5: *Vervollständige die Tabelle.*

Infinitiv	3. Person Singular/Präsens	3. Person Singular/Präteritum
stehlen	er stiehlt	er stahl
lesen	er	
geschehen	...	
sehen		
befehlen		
empfehlen		
gebären		

Aufgabe 6: *Vervollständige die Tabelle.*

Infinitiv	3. Person Singular/Präsens	3. Person Singular/Präteritum
brechen	er bricht	er brach
vergessen	er	
messen	...	
treten		
bergen		
erschrecken		
essen		
fressen		
geben		
gelten		
helfen		
nehmen		
schelten		
bersten		
sprechen		
stechen		
sterben		
werfen		
verderben		
werben		

3 Präteritum

Aufgabe 7: *Vervollständige die Tabelle.*

Infinitiv	3. Person Singular/Präsens	3. Person Singular/Präteritum
beißen	er beißt	er biss
reiten	er	
streiten	...	
streichen		
bleichen		
gleiten		
gleichen		
greifen		
kneifen		
pfeifen		
leiden		
reißen		
schmeißen		
schleichen		
schleifen		
schneiden		
schreiten		
weichen		

Aufgabe 8: *Vervollständige die Tabelle.*

Infinitiv	3. Person Singular/Präsens	3. Person Singular/Präteritum
schreiben	er schreibt	er schrieb
bleiben	er	
heißen	...	
treiben		
steigen		
scheinen		
gedeihen		
leihen		
meiden		
reiben		
preisen		
schreien		
schweigen		
speien		
weisen		
verzeihen		

Präteritum

Aufgabe 9: *Vervollständige die Tabelle.*

Infinitiv	3. Person Singular/Präsens	3. Person Singular/Präteritum
trinken	er trinkt	er trank
singen	er	
finden	...	
zwingen		
(ein-) dringen		
binden		
bitten		
gelingen		
klingen		
sitzen		
ringen		
schlingen		
schwingen		
schwinden		
stinken		
sinken		
winden		

Aufgabe 10: *Vervollständige die Tabelle.*

Infinitiv	3. Person Singular/Präsens	3. Person Singular/Präteritum
kriechen	er kriecht	er kroch
biegen	er	
bieten	...	
fliegen		
fliehen		
gießen		
genießen		
frieren		
riechen		
schießen		
schließen		
sprießen		
schieben		
verlieren		
verdrießen		
wiegen		
ziehen		

3 Präteritum

Aufgabe 11: *Vervollständige die Tabelle für das Verb* ***tun****.*

	Person	Präsens	Präteritum
Singular	1. Person: **ich**	tue	tat
	2. Person: **du**		
	3. Person: **er / sie / es**		
Plural	1. Person: **wir**		
	2. Person: **ihr**		
	3. Person: **sie**		

Aufgabe 12: *Vervollständige die Tabelle für das Verb* ***rufen****.*

	Person	Präsens	Präteritum
Singular	1. Person: **ich**	rufe	rief
	2. Person: **du**		
	3. Person: **er / sie / es**		
Plural	1. Person: **wir**		
	2. Person: **ihr**		
	3. Person: **sie**		

Lernen mit Erfolg KOHL VERLAG
Präsens und Präteritum
Die Zeitformen – Bestell-Nr. 11 739

Übungen

Aufgabe 1: *Unterstreiche in dem Text die Verben und forme sie dann ins Präteritum um. Schreibe das Subjekt mit dazu.*

a) Im Deutschunterricht geht es um Präsens und Präteritum.
b) Der Lehrer schreibt an die Tafel.
c) Ich esse Gulasch mit Rotkraut und Kartoffeln.
d) Eva kauft eine Pizza.
e) Joris nimmt immer Ketchup zum Essen.

a) es geht → es ging
b) ______________________________
c) ______________________________
d) ______________________________
e) ______________________________

Aufgabe 2: *Setze die Infinitive in die richtige Präteritumsform.*

Im Unterricht (lernen) ______________ die Schüler die Namen der Tiere, die auf dem Bauernhof leben, auswendig.

Am nächsten Tag (fragen) ______________ der Lehrer: „Mark, nenne mir doch bitte einmal 7 Tiere vom Bauernhof."

Mark (zögern) ______________ keine Sekunde und (antworten) ______________ sofort: „2 Schafe und 5 Kühe!"

Aufgabe 3: *Konjugiere die Verben lesen und rechnen mit den Personalpronomen ich, du, er, wir, ihr, sie.*

Präsens	
ich lese,	ich rechne
du ______________,	du ______________
er ______________,	er ______________
wir ______________,	wir ______________
ihr ______________,	ihr ______________
sie ______________,	sie ______________

Präteritum	
ich las,	ich rechnete
du ______________,	du ______________
er ______________,	er ______________
wir ______________,	wir ______________
ihr ______________,	ihr ______________
sie ______________,	sie ______________

Übungen

Aufgabe 4: a) *In diesem Suchsel ist jeweils eine Konjugationsform der Verben baden, malen, rufen und trinken versteckt. Finde die vier Wörter und markiere sie.*

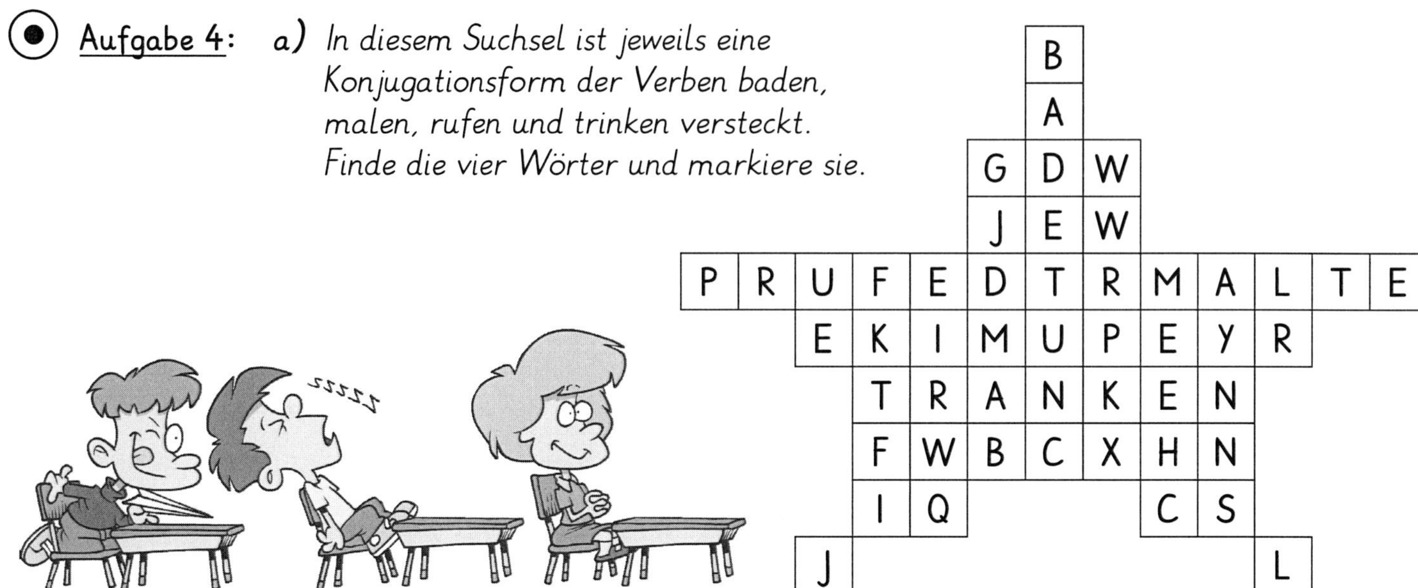

b) *Ordne die gefundenen Begriffe richtig in die Tabelle ein und schreibe ein passendes Personalpronomen dazu.*

Infinitiv	Präsens	Präteritum
		wir tranken

Aufgabe 5: *Bilde ganze Sätze.*

a) Sandra – letzte Woche – neue Hose – sich kaufen.
b) Tim – ein Bild – gerade – seinen Freund – malen – für.
c) Sein Freund Werner – Geburtstag – heute haben.
d) Leider – regnen – den ganzen Tag.
e) Werner – beschließen – ins Kino – zu gehen – mit seinen Freunden.

a) ____________________

b) ____________________

c) ____________________

d) ____________________

e) ____________________

Übungen

Aufgabe 6: *In der linken Schriftrolle versteckt sich ein Verb. Finde es und konjugiere es dann mit den Personen in der rechten Schriftrolle.*

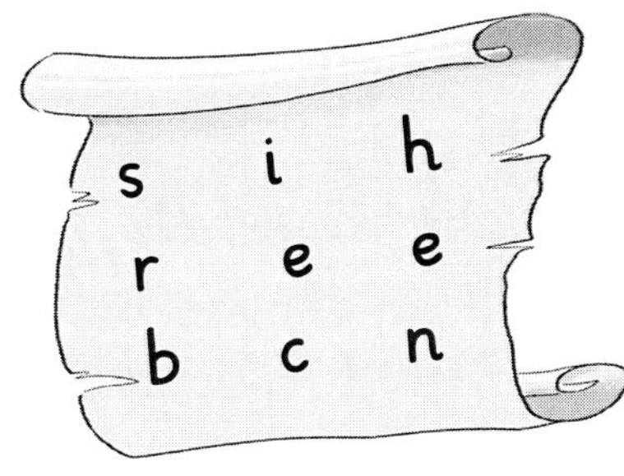

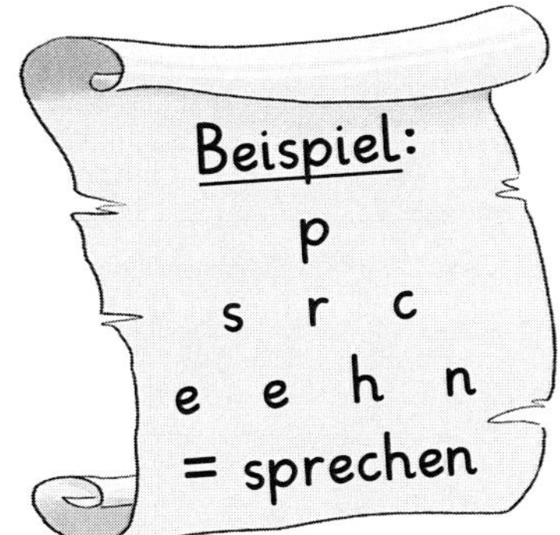

a) 1. Pers. Pl.: wir ______________________________

b) ______________________________

c) ______________________________

d) ______________________________

e) ______________________________

Aufgabe 7: *Füge die Verben in der richtigen Zeit ein.*

essen – trinken – haben wissen – sein – vertragen

Gestern __________ ich drei Hamburger. Dazu __________ ich vier Cola. Danach __________ ich Bauchschmerzen. Heute __________ ich schlauer. Ich __________ heute nämlich nur einen Hamburger und __________ auch nur eine Cola. Wenn ich dann heute wieder Bauchschmerzen __________, dann __________ ich, dass ich Hamburger und Cola nicht __________.

Aufgabe 8: *Setze die Infinitive in die richtige Präsensform.*

Ali (kommen) __________ mal wieder zu spät zur 1. Stunde. Auf dem Flur (kommen) __________ ihm die Schulleiterin Frau Schulze entgegen. Sie (schauen) __________ auf ihre Uhr und (sagen) __________: „6 Minuten zu spät!" Ali (nicken) __________ und (antworten) __________ ernsthaft: „Ich auch, Frau Schulze!"

Übungen

Aufgabe 9: *Unterstreiche alle Verben in dem Text. Schreibe sie dann ab und bilde bei allen Verben zusätzlich das Präteritum.*

Melanie ist keine Leuchte

Der Vater von Melanie kommt müde von der Arbeit nach Hause. Er setzt sich an den Tisch und liest die Zeitung. „Der Strom wird im nächsten Jahr um 5 % teurer!", liest er vor. „Papa, dann kannst du ja froh sein, dass ich keine große Leuchte bin!", kräht Melanie vergnügt. Der Vater runzelt die Stirn. „Hmm. da hast du wohl Recht! Bist du denn in der Schule eine große Leuchte? Weißt du denn zum Beispiel, was die Steigerung von Buchstabensuppe ist?"

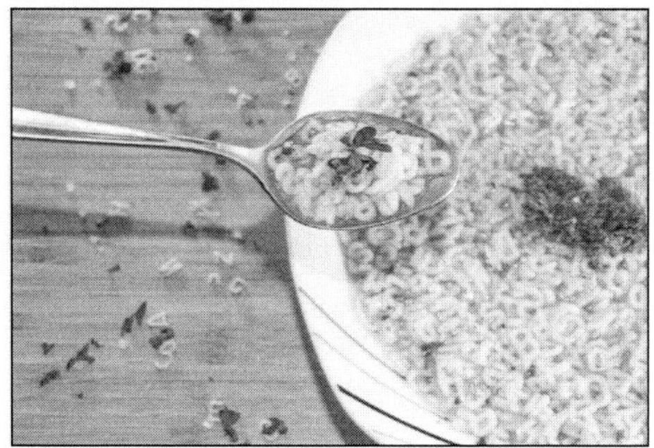

Melanie denkt angestrengt nach, aber sie kommt zu keinem Ergebnis. „Weißt du das denn?", fragt sie ihren Vater. „Na klar!", antwortet der. Die Steigerung von Buchstabensuppe ist Wörtersee!!!"

Beispiel: a) ist – war, b) kommt – __________,

c) __________, d) __________,

e) __________, f) __________,

g) __________, h) __________,

i) __________, j) __________,

k) __________, l) __________,

m) __________, n) __________,

o) __________, p) __________,

q) __________, r) __________,

s) __________, t) __________,

Übungen

Aufgabe 10:

Bestimme bei den unterstrichenen Verben die Zeit.

Beispiel: Inga kaufte sich gestern ein großes Eis.
Inga kaufte = 3. Pers. Sing. Präteritum

a) Viele Kunden warteten in dem Laden darauf, dass sie an die Reihe kommen.
Kunden warten = ______________________.
Sie kommen = ______________________.

b) Endlich steht Inga vor der Theke mit dem Eis.
Inga steht = ______________________.

c) Sie kann sich aber nicht entscheiden, welche Sorte sie nehmen soll.
Sie kann = ______________________.
Sie soll = ______________________.

d) „Erdbeer und Zitrone passen gut zusammen", meinte der Eisverkäufer.
Erdbeer und Zitrone passen = ______________________.
Der Eisverkäufer meinte = ______________________.

e) Inga folgte dem Rat des Eisverkäufers.
Inga folgte = ______________________.

f) Draußen setzte sie sich auf eine Mauer und genoss das Eis.
Sie setzte sich = ______________________.
Sie genoss = ______________________.

g) Der Eisverkäufer wusste scheinbar, was seine Kunden wünschen.
Der Eisverkäufer wusste = ______________________.
Die Kunden wünschen = ______________________.

Aufgabe 11: *Der Mann an der Tuba spielt Töne, deren Buchstaben Verbformen im Präsens ergeben. Finde sie und trage ein.*

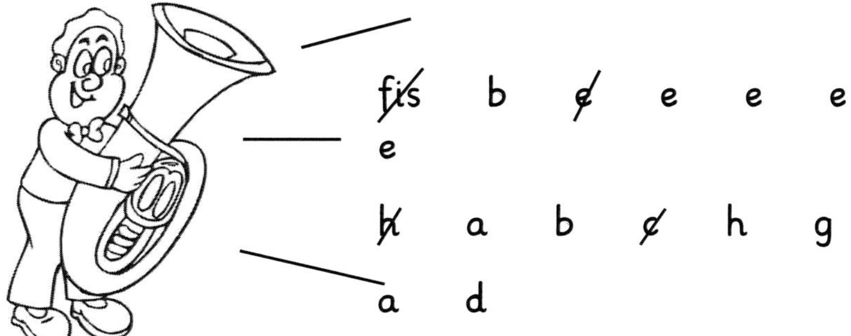

a) ich fische
b) ich ______________
c) ich ______________
d) ich ______________

Übungen

! **Aufgabe 1:** *a) Füge die Infinitive in der richtigen **Präsensform** in die Sätze ein.*
*Tipp: Ein Verb muss im **Präteritum** stehen.*

Die richtige Antwort

Heute (sein) ________ der erste Schultag. Wir (haben) ____________ eine neue Klassenlehrerin. Frau Hohe (sein) __________ noch sehr jung und (wollen) ___________ sich bei uns beliebt machen. „Ich (stellen) ______________ euch jeden Morgen eine Frage. Wenn ihr die beantworten (können) _______________, (brauchen) _________________ ihr alle keine Hausaufgaben zu machen."

Wir (sein) ____________ begeistert. Aber nur, bis die erste Frage (kommen) _____________. „Wie viele Liter Wasser (haben) ___________ der Atlantik?" Ratloses Schweigen. Wer (sollen) ___________ denn so etwas wissen?

Am nächsten Morgen: „Wie viele Schiffe (fahren) ________________ in einem Monat auf den Weltmeeren?" Wieder (können) ______________ das natürlich keiner beantworten.

Am nächsten Morgen (haben) __________ Ali eine Idee. Er (legen) ____________ ein gebrauchtes Papiertaschentuch auf das Pult. Frau Hohe (kommen) _______________ wie immer gut gelaunt in die Klasse. Sie (sehen) ____________ das Taschentuch und (fragen) ____________ entsetzt: „Wer (sein) ___________ das?" Sofort (springen) ______________ Ali auf und (rufen) ____________: „Ich! Und jetzt (bekommen) _____________________ wir alle keine Hausaufgaben!!!"

Übungen

b) *Vervollständige die Tabelle mit den Verben aus der Geschichte „Die richtige Antwort". Benutze die Personalpronomen ich, er und wir.*

Infinitiv	Präsens			Präteritum		
	1. Person Singular	3. Person Singular	1. Person Plural	1. Person Singular	3. Person Singular	1. Person Plural
sein	ich bin	er ist	wir sind	ich war	er war	wir waren
haben						
wollen						
stellen						
können						
brauchen						
legen						
kommen						
sehen						
fragen						
springen						
rufen						
bekommen						

! __Aufgabe 2__: *Füge die Verben an der richtigen Stelle ein. Benutze Präteritum.*

Als Hausaufgaben ________________ die Schüler die Namen der Tiere, die auf dem Bauernhof ________________, auswendig lernen.

Am nächsten Tag ______________ der Lehrer: „Mark, nenne mir doch bitte einmal 7 Tiere vom Bauernhof." Mark ______________ keine Sekunde und ______________ sofort: „2 Schafe und 5 Kühe!"

Übungen

Aufgabe 3:

Verändere diese Sätze so, dass aus der Einzahl (Singular) die Mehrzahl (Plural) wird und aus dem Plural der Singular. Benutze die richtigen Personalpronomen.

Beispiel:
Ich spiele Fußball. = 1. Pers. Singular
Wir spielen Fußball. = 1. Pers. Plural

a) Er räumt sein Zimmer auf. = ____________________

____________________ = ____________________

b) Sie sitzen in der Eisdiele. = ____________________

____________________ = ____________________

c) Ihr putzt die Tafel. = ____________________

____________________ = ____________________

d) Ich kann das nicht lesen. = ____________________

____________________ = ____________________

e) Er fährt mit dem Fahrrad. = ____________________

____________________ = ____________________

f) Wir hören Radio. = ____________________

____________________ = ____________________

g) Ihr sammelt Sportbilder. = ____________________

____________________ = ____________________

Aufgabe 4: *Setze die richtige Form von* ***trinken*** *ein.*

a) 1. Pers. Pl. Präsens:	____________________
b) 2. Pers. Sing. Präteritum:	____________________
c) 3. Pers. Pl. Präsens:	____________________
d) 1. Pers. Sing. Präteritum:	____________________
e) 2. Pers. Pl. Präsens:	____________________
f) 1. Pers. Pl. Präteritum:	____________________
g) 2. Pers. Pl. Präteritum:	____________________

Übungen

! **Aufgabe 5:** *a) In diesem Suchsel sind die Verben rufen, flüstern, fragen, blicken, raten und weinen versteckt. Finde sie und markiere sie farbig.*

								Z	E	K				
									F	G				
									L	V	R	R		
									Ü	Q	A	T	U	
									S	B	T	H	S	X
						D	Q	P	T	J	E	N	E	Z
				I	W	L	B	O	E	D	N	I	K	
		B	D	S	E	G	F	M	R	Y	D	C		
		L	C	F	I	M	R	R	N	L	S	V		
	O	I	A	K	N	P	A	Z	F	W	R	B		
	U	C	X	D	E	K	G	Z	U	D	U	F		
	D	K	L	X	N	O	E	A	S	G	F	H		
L	G	E	Q	J	H	J	N	M	G	W	E			
I	H	N	Y	Z	L	X	S			T	N			
	G	O	O	Y	U	C				E	P	D		
						B					X	O		

b) Trage die gefundenen Verbformen aus dem Suchsel in die Tabelle ein. Konjugiere das Verb im Präsens und Präterium. Achte auf die Personalpronome.

Personalpronomen + Präsens	konjugiertes Verb + Präterium	Infinitiv
Bsp.: ich esse	ich aß	essen
ich		
du		
er		
wir		
ihr		
sie		

Übungen

Aufgabe 6: *Erstelle mit den Verben auf der Schlange eine Wortschlange, indem du immer erst das Präsens und dann das Präteritum bildest.*

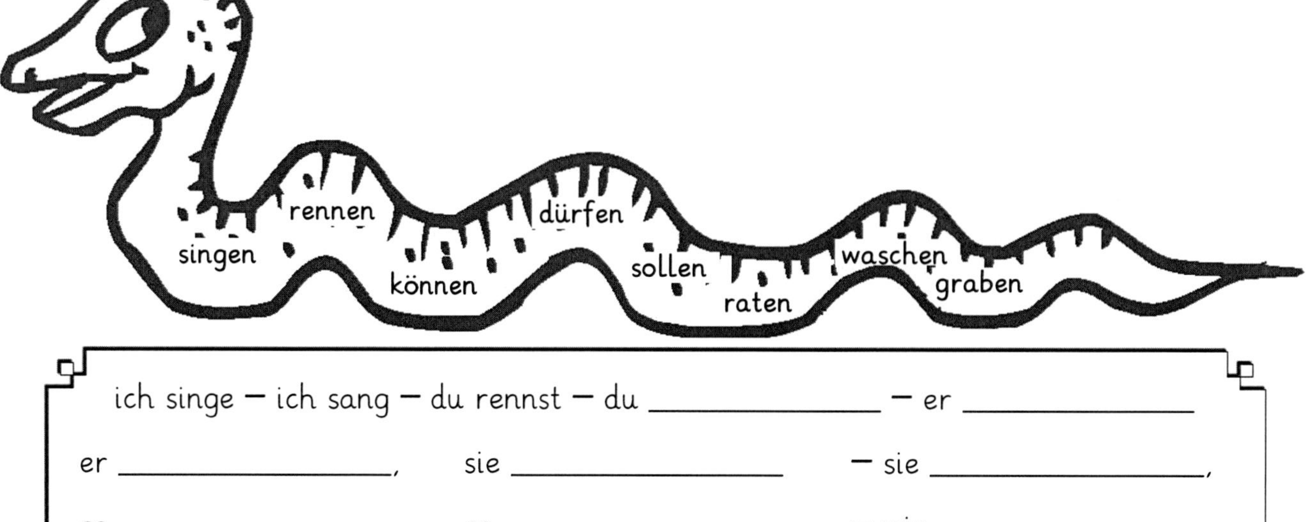

ich singe – ich sang – du rennst – du __________ – er __________

er __________, sie __________ – sie __________,

es __________, es __________ – wir __________,

wir __________, ihr __________ – ihr __________,

sie __________, sie __________.

Aufgabe 7: a) *Setze die Infinitive in der richtigen* ***Präsensform*** *in den Text ein.*

a) In der Wagnerstraße (brennen) __________ ein Haus.

b) Monikas Mutter (rufen) __________ die Feuerwehr.

c) Mit lautem „Tatü-Tata. Tatü-Tata. (kommen) __________der Löschzug angebraust.

d) Ganz schnell (werden) __________ die Wasserschläuche ausgerollt und dann (heißen) __________ es „Wasser marsch!"

e) Schnell (sein) __________ die Flammen erstickt und nur noch dichter Qualm (sein) __________ zu sehen.

f) Zum Glück (geben) __________ es nur Sachschaden.

Übungen

Aufgabe 7: *b) Setze die Verben jetzt ins* ***Präteritum****.*

a) In der Wagnerstraße (brennen) ______________ ein Haus.

b) Monikas Mutter (rufen) ______________ die Feuerwehr.

c) Mit lautem „Tatü-Tata. Tatü-Tata. (kommen) ______________ der Löschzug angebraust.

d) Ganz schnell (werden) ______________ die Wasserschläuche ausgerollt und dann (heißen) ______________ es „Wasser marsch!"

e) Schnell (sind) ______________ die Flammen (ersticken) ______________ und nur noch dichter Qualm (sein) ____________ zu sehen.

f) Zum Glück (geben) ____________ es nur Sachschaden.

Aufgabe 8: *Markiere in dem Suchsel die Infinitive von 6 Verben und bilde mit dem Personalpronomen* ***ihr*** *das Präsens und das Präteritum.*

								Y								
							C	F	O							
					K	T	E	U	Q	W	L					
				B	U	F	P	Y	N	S	X	P				
			O	Q	R	J	Z	Z	Z	C	N	T	B			
		M	D	H	J	B	F	R	O	H	Q	A	Q	S		
	S	P	R	I	N	G	E	N	P	E	I	N	P	I	C	
Q	C	U	D	M	V	E	Y	E	P	R	V	Z	D	N	Q	Q
Y	D	H	Ü	P	F	E	N	P	L	Z	I	E	I	G	R	B
	U	D	U	H	T	H	P	W	Q	E	S	N	T	E	W	
		G	L	A	C	H	E	N	K	N	W	S	O	N		
					W	I	J	A	D	T	K					

a) ihr scherzt – ihr scherztet.

b) ______________________________

c) ______________________________

d) ______________________________

e) ______________________________

f) ______________________________

Übungen

Aufgabe 9:

Füge die Verben an den richtigen Stellen in den Text ein.

Benutze dabei das Präsens.

Orcas __________ Schwertwale und ______________ über 9 m lang werden. Sie __________ sehr soziale Tiere und _______________ sogar eine eigene Sprache. Über sie _______________________ sie sich mit anderen Familienmitgliedern. So _______________ sie immer, welcher Orca in der Nähe ________. Sie __________________ die anderen, wenn sie eine Beute __________________. Dabei ___________________ die Orcas sogar eigene Dialekte. Die Geräusche, die sie _________________, _________________ von Familie zu Familie unterschiedlich.

Aufgabe 10:

Setze die rückwärts geschriebenen Infinitive in der richtigen Präsensform in den Text ein. Beispiel: neleips = spielen.

Sim Sala Bim

Sandra (nebah) __________ keinen Bock auf Lesen. Sie (tednif) __________ Lesen doof. Da (nebah) _________ ihr Vater eine Idee. Er (negiez) __________ seiner Tochter einen Zaubertrick. Sandra (nies) ________ begeistert und (nellow) __________ wissen, wie das (neheg) __________. Ihr Vater (nemhen) _______________ ein Blatt Papier und (nebierhcs) _____________ seiner Tochter auf, was sie machen (nessüm) _________, damit der Trick (nereinoitknuf) _________________________. Ohne zu murren (nesel) ____________ Sandra den langen Text und (nehcusrev) __________________ dann, den Trick nachzumachen. Viermal (nessüm) _____________ sie alles lesen, doch dann: „Juhu – es (neppalk) _______________! Ich (nennök) _____________ zaubern! Papa – (nebierhcs) __________________ du mir bitte noch einen Trick auf?"

Übungen

! Aufgabe 11: *Was passiert morgens in der Schule? Denke dir zu jedem Verb einen Satz aus und schreibe ihn im Präsens und im Präteritum auf. Versuche, eine gute Reihenfolge zu finden.*

Beispiel: kommen
Präsens: Herr Müller kommt in die Klasse.
Präteritum: Herr Müller kam in die Klasse.

Infinitiv	Präsens	Präteritum
kommen	Herr Müller kommt in die Klasse.	Herr Müller kam in die Klasse.

! Aufgabe 12: a) *In diesem Buchstabensalat sind 6 Verben versteckt, die etwas mit dem Begriff „Rätsel" zu tun haben. Finde und markiere sie farbig.*

				F	R	P	F	M				
		Ü	B	E	R	L	E	G	E	N		
	V	A	P	O	R	A	T	E	N	X	D	
	M	L	M	U	Q	X	L	L	A	P	C	
E	V	C	G	I	B	K	D	E	N	K	E	N
I	L	Q	A	B	W	K	M	W	W	C	L	T
F	X	W	F	S	S	N	V	P	D	G	Q	T
I	V	I	L	P	L	O	B	X	N	M	F	Y
C	F	S	Ö	Z	Y	B	S	W	V	U	H	P
	Z	S	S	F	U	E	R	X	P	H	B	
	W	E	E	X	U	L	F	S	J	R	U	
		N	N	G	E	N	H	M	D	K		
				S	C	I	K	Z				

Übungen

Aufgabe 12: b) *Trage die gefundenen Infinitive in die Tabelle ein und setze sie ins Präsens und ins Präteritum.*

Infinitiv	Präsens	Präteritum
lösen	wir lösen	sie lösten
	du	ich
	ihr	es
	sie	wir
	er	du
	ich	ihr

Aufgabe 13: *In diesem Text stehen die falschen Verben. Ersetze sie durch die passenden Verbformen, die Purzel gesammelt hat.*

Purzel hatte Hunger

Unser Deutschlehrer Herr Schreiber ____________ schlecht gelaunt in die Klasse. „Hefte raus!", ____________________ er. „Ich will eure Hausaufgaben ______________!" Au weia – ich ____________ natürlich mal wieder mein Heft nicht dabei. Prompt ____________ Herr Schreiber mich auf.

„Ich kann Ihnen die Hausaufgabe erst morgen ________________", ____________ ich. „Meine Mutter _________________ das Heft, um ihre Einkaufsliste ____________________."

Am nächsten Morgen ____________ ich mein Heft wieder nicht ____________. „Auf der Einkaufsliste ____________ Fleisch, Käse und Wurst. Da ________ unser Hund sie einfach aufgefressen. Tja – was ___________ ich da machen?"

Übungen

Aufgabe 14: *Forme die Infinitive in die richtige Verbform um.*

Klaus kommt immer zu spät

Klaus (kommen) zu spät zum Sport. Er (vergessen) seine Sportsachen. Er (sich entschuldigen) bei Herrn Hölscher. Herr Hölscher (eintragen) ihn trotzdem ins Klassenbuch. Es (sein) für Klaus schon die 3. Eintragung. Deshalb (müssen) Klaus zum Schulleiter gehen. Er (versprechen), ab jetzt immer pünktlich zu sein.

a) Was geschah letzte Woche?

Klaus kam zu spät zum Sport.
Er ________________ seine Sportsachen.
Er ________________ sich bei Herrn Hölscher.
Herr Hölscher ____________ ihn trotzdem ins Klassenbuch ________.
Es __________ für Klaus schon die 3. Eintragung.
Deshalb ________________ Klaus zum Schulleiter gehen.
Er ________________, ab jetzt immer pünktlich zu sein.

b) Und heute?

Klaus kommt zu spät zum Sport.
Er ________________ seine Sportsachen.
Er ________________ sich bei Herrn Hölscher.
Herr Hölscher ____________ ihn trotzdem ins Klassenbuch ________.
Es __________ für Klaus schon die 3. Eintragung.
Deshalb ________________ Klaus zum Schulleiter gehen.
Er ________________, ab jetzt immer pünktlich zu sein.

Übungen

Aufgabe 15: *Forme die unterstrichenen Verben in das Präteritum um.*

Die erste Geigenstunde

Nina freut sich! Endlich liegt die lang ersehnte neue Geige in ihrem Geigenkasten. Das glänzend lackierte Holz sieht so schön aus! Und die erste Geigenstunde in der Musikschule steht vor der Tür!

Am nächsten Tag nimmt Nina ihren Geigenkasten und geht stolz zur ersten Geigenstunde. Sie öffnet die Tür zum Unterrichtsraum und legt den Kasten auf den Tisch. „Hier, Frau Müller!" sagt sie zu ihrer Lehrerin. Sie klappt den Kasten auf und – leer! Ihr Instrument wartet daheim in ihrem Zimmer auf sie!

Nina ____________ sich! Endlich ____________ die lang ersehnte neue Geige in ihrem Geigenkasten. Das glänzend lackierte Holz ____________ so schön aus! Und die erste Geigenstunde in der Musikschule ____________ vor der Tür!

Am nächsten Tag ____________ Nina ihren Geigenkasten und ____________ stolz zur ersten Geigenstunde. Sie ____________ die Tür zum Unterrichtsraum und ____________ den Kasten auf den Tisch. „Hier, Frau Müller!" ____________ sie zu ihrer Lehrerin. Sie ____________ den Kasten auf und – leer! Ihr Instrument ____________ daheim in ihrem Zimmer auf sie!

Übungen

 **Aufgabe 1:** *a) Setze die **Infinitive** aus den Klammern in die richtige **Präsensform**.*

Geburtstag im Zoo

Peter (haben) __________ Geburtstag. Er, seine Eltern und seine besten Freunde (fahren) ______________ in den Zoo. Die Sonne (scheinen) ______________ und die Tiere (sein) ______________ alle draußen. (Schauen) „______________ mal, was der Affe da (machen) ________________", ruft Martin seinen Freunden zu. Sofort (heben) ______________ alle die Köpfe. „Ich (sehen) ______________ nichts", (meinen) ______________ Peter. Seine Mutter (stimmen) ______________ ihm zu. (Sein) „______________ ihr denn blind? Der Affe (klauen) ________________ der Frau gerade die Handtasche." Martin (haben) ______________ Recht und die Kinder (haben) ______________ viel Spaß. Danach (spendieren) ________________ Peters Vater für alle ein Eis. Am Abend (sein) ____________ sich alle einig: Im Zoo (sein) ________ es immer wieder schön.

*b) Setze die Geschichte jetzt in das **Präteritum**.*
Achtung: 5-mal passt es n i c h t!

Geburtstag im Zoo

Peter (haben) __________ Geburtstag. Er, seine Eltern und seine besten Freunde (fahren) ______________ in den Zoo. Die Sonne (scheinen) ______________ und die Tiere (sein) ______________ alle draußen. (Schauen) „______________ mal, was der Affe da (machen) ________________", ruft Martin seinen Freunden zu. Sofort (heben) ______________ alle die Köpfe. „Ich (sehen) ______________ nichts", (meinen) ______________ Peter. Seine Mutter (stimmen) ______________ ihm zu. (Sein) „______________ ihr denn blind? Der Affe (klauen) ________________ der Frau gerade die Handtasche." Martin (haben) ______________ Recht und die Kinder (haben) ______________ viel Spaß. Danach (spendieren) ________________ Peters Vater für alle ein Eis. Am Abend (sein) ____________ sich alle einig: Im Zoo (sein) ________ es immer wieder schön.

Übungen

Aufgabe 2:

*Setze die Verben an der richtigen Stelle in die Geschichte ein. Benutze dabei das **Präteritum**.*

Sturmwarnung

Gestern __________ es draußen sehr ungemütlich. Der Sturm __________ um das Haus und __________ an den Türen. Der Regen __________ an die Scheiben. Im Radio __________ das Unwetter zwar schon am Morgen angesagt, aber es __________ schlimmer als befürchtet. Später __________ wir, dass der Sturm in der ganzen Gegend beträchtlichen Schaden __________. Wir __________ uns, dass wir ein festes Dach über dem Kopf __________.

★ **Aufgabe 3:** a) *Schreibe das Gedicht „Sieben kleine Meisen"[1] von Matthias Claudius ab und setze die Verben dabei in das Präsens mit dem Substantiv.*

Präteritum	Präsens
Sieben kleine Meisen	
saßen auf dem Ast.	
Sieben kleine Meisen	
hielten kurze Rast.	
Sieben kleine Meisen	
gaben sich Bericht.	
Sieben kleine Meisen,	
ich verstand sie nicht.	
Sieben kleine Meisen	
flogen wieder fort.	
In die blaue Weite	
und ich blieb am Ort.	

[1] Matthias Claudius, deutscher Dichter (1740-1815)

Übungen

Aufgabe 3: b) *Unterstreiche die 6 Verben aus dem Gedicht „Sieben kleine Meisen" und setze sie in den **Infinitiv**.*

1	______________________
2	______________________
3	______________________
4	______________________
5	______________________
6	______________________

 **Aufgabe 4:** *Setze bei allen Verben in dem Text die richtige Zeitform ein.*

Melanie ist keine Leuchte

Der Vater von Melanie (kommen/Präteritum) ____________ müde von der Arbeit nach Hause. Er (setzen/Präteritum) ______________ sich an den Tisch und (lesen/Präteritum) __________ die Zeitung. „Der Strom (werden/Präsens) ___________ im nächsten Jahr um 5 % teurer!", (lesen/Präsens) _________ er vor. „Papa, dann (können/Präsens) _____________ du ja froh sein, dass ich keine große Leuchte (sein/ Präsens) ________!", (krähen/Präteritum) ____________ Melanie vergnügt. Der Vater (runzeln/Präteritum) ________________ die Stirn. „Hmm. da (haben/Präsens) __________ du wohl Recht! (sein/Präsenz) _______________ du denn in der Schule eine große Leuchte? (wissen/Präsens) _______________ du zum Beispiel, was die Steigerung von Buchstabensuppe ________ (sein/Präsens)?" Melanie (denken/Präteritum) ______________ angestrengt nach, aber sie (kommen/Präteritum) ___________ zu keinem Ergebnis. „(Wissen/Präsens) ____________ du das denn?", (fragen/Präteritum) ____________ sie ihren Vater. „Na klar!", (antworten/Präteritum) _________________ der. Die Steigerung von Buchstabensuppe (sein/Präsens) ________ Wörtersee!!!"

Übungen

Aufgabe 5: *Jack passt auf die Infinitivformen auf. Setze sie im Präsens und im Präteritum sinnvoll in den Text ein.*

Unser Hund heißt / hieß Jack. Jack ________________ ein großer, schwarzer Schäferhund. Meistens ________________ er faul in der Ecke. Aber wenn jemand an der Tür ________________, dann ________________ er ganz laut. Die meisten Menschen ________________ dann Angst. Dabei ________________ Jack uns mit seinem Gebell nur rufen.

★ **Aufgabe 6:** *Füge 6 passende der folgenden Verben im Präteritum in den Text ein.*

sollen – essen – zögern – leben – falten
spielen – antworten – fragen – lernen – rechnen

Im Unterricht ________________ die Schüler die Namen der Tiere, die auf dem Bauernhof ________________, auswendig ________________.

Am nächsten Tag ________________ der Lehrer: „Mark, nenne mir doch bitte einmal 7 Tiere vom Bauernhof." Mark ________________ keine Sekunde und ________________ sofort: „2 Schafe und 5 Kühe!"

Übungen

 **Aufgabe 7:** *Entwirre den Text, forme ihn dann ins Präteritum um und ergänze fehlende Satzzeichen.*

DERDEUTSCHLEHRERSCHAUTINMONIKASHEFTUNDSCHÜTTELTENTSETZT
DENKOPF„MONIKA,WIEKONNTESTDUNURVOGELMITFAMANFANGSCHREI
BEN"MONIKAGRINST„GANZEINFACH,HERRMÜLLER–MITDEMBLEISTIFT!"

____

____

____

____

____

____

Aufgabe 8: *Welche Sätze stehen im Präteritum? Kreuze an.*

- ☐ a) Ich fahre jeden Tag mit dem Bus zur Schule.
- ☐ b) Gestern saß ein junger Mann neben mir.
- ☐ c) Seine Kleidung stank fürchterlich nach Zigarettenrauch.
- ☐ d) In unserer Familie raucht niemand.
- ☐ e) Daher war der Rauch ein „Geht gar nicht!" für meine Nase.
- ☐ f) Auf jeder Packung steht: Rauchen kann tödlich sein!
- ☐ g) Ich verstehe nicht, dass Raucher dieser Hinweis nicht interessiert.
- ☐ h) Mein Vater war früher ein starker Raucher.
- ☐ i) Einmal lag er wegen Magenproblemen im Krankenhaus.
- ☐ j) Seit dieser Zeit raucht er nicht mehr.

Übungen

Geheimsprache

Murat, Peter und Mark sind eine Clique. Sie haben eine eigene Geheimsprache entwickelt. Dabei rufen sie sich nur Zahlen zu.

16 – 1 – 21 – 11 – 5 – 18   11 – 15 – 13 – 13 – 20! bedeutet z.B.: Pauker kommt!

Die drei Jungen haben dafür einfach alle Buchstaben des Alphabets aufgeschrieben und sie dann der Reihe nach nummeriert. Nun brauchen sie anstelle der Buchstaben nur die entsprechenden Zahlen zu nennen und kein Fremder weiß, was sie meinen.

a	b	c	d	e	f	g	h	i	j	k	l	m	n	o	p
1	2	3	4	5	6	7	8	9	10	11	12	13	14	15	16

q	r	s	t	u	v	w	x	y	z
17	18	19	20	21	22	23	24	25	26

★ **Aufgabe 9:** *Setze die in der Geheimsprache geschriebenen Infinitive in das Präsens und in das Präteritum.*

Beispiel: 5 – 19 – 19 – 5 – 14 = essen – ich esse – ich aß.

a) 18 – 1 – 20 – 5 – 14 = ______________________________

b) 8 – 15 – 6 – 6 – 5 – 14 = ______________________________

c) 2 – 1 – 4 – 5 – 14 = ______________________________

d) 10 – 21 – 2 – 5 – 12 – 14 = ______________________________

Übungen

★ **Aufgabe 10:** *Präsens oder Präteritum? Setze ein.*

„Im Kino (laufen) ____________ „Fack ju, Göhte". Moment, (bringen) ____________ sie den nicht schon vor einem halben Jahr? Ach nein, das (sein) ____________ ja eine neue Folge! (kommen) ____________, lass uns hingehen!" – „Da (sein) ____________ ich doch schon gestern!"

★ **Aufgabe 11:** *Schau dir die Bildgeschichte „Der Frosch" an.*

a) *Schreibe jetzt zu jedem Bild 2 Sätze im Präsens.*

Bild 1: ____

____

Bild 2: ____

____

Bild 3: ____

____

Bild 4: ____

____

Übungen

b) *Schreibe jetzt deine Sätze im Präteritum.*

Bild 1: ______________________________

____

Bild 2: ______________________________

____

Bild 3: ______________________________

____

Bild 4: ______________________________

____

★ **Aufgabe 12:** *Präsens oder Präteritum? Kreuze an.*

a) Letzte Woche konnte der Fußballfan glücklich sein.	☐ Präsens	☐ Präteritum
b) Im Fernsehen lief jeden Tag mindestens ein Fußballspiel.	☐ Präsens	☐ Präteritum
c) Ein Spiel der 2. Bundesliga wird immer montags gezeigt.	☐ Präsens	☐ Präteritum
d) Am Dienstag fanden die ersten Spiele der Champions-League statt.	☐ Präsens	☐ Präteritum
e) Bayern München ist in Deutschland die Nummer 1.	☐ Präsens	☐ Präteritum
f) Die Mannschaft trat am Mittwoch an.	☐ Präsens	☐ Präteritum
g) Donnerstags ist dann der Spieltag der Euro-League.	☐ Präsens	☐ Präteritum
h) Von Freitag bis Sonntag gab es dann die Begegnungen der ersten Fußball-Bundesliga.	☐ Präsens	☐ Präteritum

Übungen

★ Aufgabe 13: *Setze die richtigen Satzhälften zusammen und schreibe sie ins Präsens um.*

1. Meine erste große Liebe
2. Nina war ein Jahr
3. Ich erinnerte mich an die
4. Ich ging in die Sporthalle und
5. Ich setzte mich neben sie
6. Ich war total verliebt,

völlig neuen Gefühle, die ich hatte.

da saß sie auf der Tribüne.

aber sie lächelte nicht einmal.

jünger als ich.

traf ich mit neun Jahren.

und vergaß das Spiel auf dem Platz.

1. Meine erste große Liebe → ____________________

2. Nina war ein Jahr → ____________________

3. Ich erinnere mich an die → ____________________

4. Ich ging in die Sporthalle und → ____________________

5. Ich setzte mich neben sie → ____________________

6. Ich war total verliebt, → ____________________

Die Lösungen

Seite 5	Aufgabe 1:	Hauptwort, Tuwort, Verb, Tunwort, Tätigkeitswort
Seite 6	Aufgabe 2:	essen, lesen, trinken
	Aufgabe 3:	Individuelle Lösungen, z.B.: Ich esse einen leckeren Apfel. – Wir lesen ein dickes Buch. Wir trinken sauren Saft.

Seite 7 Aufgabe 1:

Wortstamm	Deine Lösung
spring	springen
trink	trinken
schlaf	schlafen
find	finden
schreib	schreiben
ruf	rufen
lern	lernen

Aufgabe 2: lösen, lesen, reparieren, verlieren, kosten

Seite 8 Aufgabe 1: Jürgen spielt Klavier / (Das Klavier-) Spielen ist sein Hobby. Bei dem Spielen vergisst er sogar seine Freunde.

Seite 9 Aufgabe 1:
a) er haute, er haut, er wird hauen
b) er sagte, er sagt, er wird sagen
c) er winkte, er winkt, er wird winken

Seite 11 Aufgabe 1:

	Person	Infinitive	Präsens
Singular	1. Person	klettern	**ich klettere**
	2. Person	arbeiten	**du arbeitest**
	3. Person	beichten	**er beichtet**
Plural	1. Person	klagen	**wir klagen**
	2. Person	brüllen	**ihr brüllt**
	3. Person	hängen	**sie hängen**
Singular	1. Person	brüllen	**ich brülle**
	2. Person	klagen	**du klagst**
	3. Person	hängen	**er hängt**
Plural	1. Person	klettern	**wir klettern**
	2. Person	arbeiten	**ihr arbeitet**
	3. Person	beichten	**sie beichten**

Seite 12 Aufgabe 2: du kriegst, reisen, sie meckern, er/sie/es meint, nähen, ich pflücke, wir probieren, ihr landet.

Seite 13 Aufgabe 3:
a) Mutter **kauft** (3. Pers. Sing.) jeden Samstag frische Bananen.
b) Wir Kinder **lieben** (1. Pers. Pl.) frische Bananen.
c) Sie **schmecken** (3. Pers. Pl.) so herrlich fruchtig.
d) Voller Genuss **naschen** wir (1. Pers. Pl.) das ganze Wochenende von den Früchten.
e) **Schreibst** du (2. Pers. Sing.) mir mal, ob du auch gerne Obst **verzehrst**? (2. Pers. Sing.).

Seite 14 Aufgabe 1: Individuelle Lösung, z.B.: Morgen gehen wir in den Zoo / Nächsten Montag schreibt ihr einen Test. / Du feierst nächste Woche deinen Geburtstag. / Maria fährt nächstes Jahr mit ihren Eltern nach Italien. / Übernächste Woche gehe ich ins Kino.

Aufgabe 2: Peter fährt jeden Morgen mit dem Fahrrad zur Schule. Morgen fahren wir aber zusammen mit dem großen Bus. Geht ihr zu Fuß zur Schule oder fahrt ihr auch? Peters kleine Brüder gehen noch in den Kindergarten. Ich finde sie unheimlich süß.

Die Lösungen

Seite 15 Aufgabe 3:

a) Mein Bruder schreibt gerade ein Gedicht.
b) Er schreibt jeden Tag.
c) Morgen schreibt er dann noch ein Gedicht.
d) Ich lese nächste Woche alle seine Gedichte.
e) Wir verstehen uns gut.
f) Nächstes Jahr veröffentlicht mein Bruder ein Buch mit allen seinen Gedichten.
g) Schreibst du auch Gedichte?

Aufgabe 4:

a) Wir murmeln = 1. Pers. Pl.
b) Ihr tanzt = 2. Pers. Pl.
c) Du meinst = 2. Pers. Sing.
d) Sie lachen = 3. Pers. Pl.
e) Ich probiere = 1. Pers. Sing.
f) Er flucht = 3. Pers. Sing.

Seite 17 Aufgabe 1:

	Person	Infinitiv	Präteritum
Singular	1. Person	leben	**ich lebte**
	2. Person	heiraten	**du heiratetest**
	3. Person	tanzen	**er tanzte**
Plural	1. Person	kochen	**wir kochten**
	2. Person	fegen	**ihr fegtet**
	3. Person	mähen	**sie mähten**

Seite 18 Aufgabe 2:

Infinitiv	Präsens	Präteritum
basteln (3. Pers. Sing.)	er bastelt	er bastelte
rechnen (2. Pers. Sing.)	**du rechnest**	**du rechnetest**
bauen (1. Pers. Pl.)	**wir bauen**	**wir bauten**
bellen (3. Pers. Sing.)	**er/sie/es bellt**	**er/sie/es bellte**
hören (1 Pers. Sing.)	**ich höre**	**ich hörte**
grillen (1. Pers. Pl.)	**wir grillen**	**wir grillten**
planen (3. Pers. Pl.)	**sie planen**	**sie planten**

Aufgabe 3:

Individuelle Lösungen, z.B.:
a) Präsens: Der Hund bellt in seiner Hütte.
Präteritum: Der Hund bellte in seiner Hütte.
b) Präsens: Die Küchenangestellten schälen Kartoffeln
Präteritum: Die Küchenangestellten schälten Kartoffeln.
c) Präsens: Die Kinder hören sehr laute Musik.
Präteritum: Die Kinder hörten sehr laute Musik.
d) Präsens: Der Vater hupt vor der Garage.
Präteritum: Der Vater hupte vor der Garage.
e) Präsens: Du jubelst vor Freude.
Präteritum: Du jubeltest vor Freude.
f) Präsens: Ich niese laut in mein Taschentuch.
Präteritum: Ich nieste laut in mein Taschentuch.

Seite 19 Aufgabe 4:

a) er angelt: 3. Pers. Sing. Präsens von angeln
b) ihr bautet: 2. Pers. Pl. Präteritum von bauen
c) ich bade: 1. Pers. Sing. Präsens von baden
d) du blinzeltest: 2. Pers. Sing. Präteritum von blinzeln
e) es endete: 3. Pers. Sing. Präteritum von enden
f) wir nähen (uns): 1. Pers. Pl. Präsens von nähen

Aufgabe 5:

Individuelle Lösung, z.B.:
a) Der Angler angelte einen Fisch.
b) Ihr baut eine Sandburg.
c) Ich badete meinen Hund.
d) Du blinzelst wegen der Sonne.
e) Das Spiel endet um 19:00 Uhr.
f) Wir nähten einen Rock in der Schule.

Die Lösungen

Seite 24 Aufgabe 1:

Infinitiv	3. Person Singular/Präsens	3. Person Singular/Präteritum
tragen	er trägt	er trug
laden	er lädt	er lud
waschen	er wäscht	er wusch
graben	er gräbt	er grub
schlagen	er schlägt	er schlug
wachsen	er wächst	er wuchs

Aufgabe 2:

Infinitiv	3. Person Singular/Präsens	3. Person Singular/Präteritum
fangen	er fängt	er fing
empfangen	er empfängt	er empfing

Aufgabe 3:

Infinitiv	3. Person Singular/Präsens	3. Person Singular/Präteritum
schlafen	er schläft	er schlief
lassen	er lässt	er ließ
raten	er rät	er riet
halten	er hält	er hielt
blasen	er bläst	er blies
braten	er brät	er briet
fallen	er fällt	er fiel

Aufgabe 4:

Infinitiv	3. Person Singular/Präsens	3. Person Singular/Präteritum
hauen	er haut	er hieb (haute)
laufen	er läuft	er lief
saugen	er saugt	er sog (saugte)
saufen	er säuft	er soff
schnauben	er schnaubt	er schnaubte

Seite 25 Aufgabe 5:

Infinitiv	3. Person Singular/Präsens	3. Person Singular/Präteritum
stehlen	er stiehlt	er stahl
lesen	er liest	er las
geschehen	es geschieht	es geschah
sehen	sie sieht	sie sah
befehlen	er befiehlt	er befahl
empfehlen	er empfiehlt	er empfahl
gebären	sie gebiert	sie gebar

Aufgabe 6:

Infinitiv	3. Person Singular/Präsens	3. Person Singular/Präteritum
brechen	er bricht	er brach
vergessen	er vergisst	er vergaß
messen	er misst	er maß
treten	er tritt	er trat
bergen	er birgt	er barg
erschrecken	er erschreckt (erschrickt)	er erschrak
essen	er isst	er aß
fressen	er frisst	er fraß
geben	er gibt	er gab
gelten	es gilt	es galt
helfen	er hilft	er half
nehmen	er nimmt	er nahm
schelten	sie schilt	sie schalt
bersten	es birst	es barst
sprechen	er sprich	er sprach
stechen	er sticht	er stach
sterben	er stirbt	er starb
werfen	er wirft	er warf
verderben	es verdirbt	es verdarb
werben	er wirbt	er warb

Die Lösungen

Seite 26 Aufgabe 7:

Infinitiv	3. Person Singular/Präsens	3. Person Singular/Präteritum
beißen	er beißt	er biss
reiten	er reitet	er ritt
streiten	er streitet	er stritt
streichen	er streicht	er strich
bleichen	er bleicht	er blich
gleiten	er gleitet	er glitt
gleichen	er gleicht	er glich
greifen	er greift	er griff
kneifen	er kneift	er kniff
pfeifen	er pfeift	er pfiff
leiden	er leidet	er litt
reißen	er reißt	er riss
schmeißen	er schmeißt	er schmiss
schleichen	er schleicht	er schlich
schleifen	er schleift	er schliff
schneiden	er schneidet	er schnitt
schreiten	er schreitet	er schritt
weichen	er weicht	er wich

Aufgabe 8:

Infinitiv	3. Person Singular/Präsens	3. Person Singular/Präteritum
schreiben	er schreibt	er schrieb
bleiben	er bleibt	er blieb
heißen	er heißt	er hieß
treiben	er treibt	er trieb
steigen	er steigt	er stieg
scheinen	er scheint	er schien
gedeihen	er gedeiht	er gedieh
leihen	er leiht	er lieh
meiden	er meidet	er mied
reiben	er reibt	er rieb
preisen	er preist	er pries
schreien	er schreit	er schrie
schweigen	er schweigt	er schwieg
speien	er speit	er spie
weisen	er weist	er wies
verzeihen	er verzeiht	er verzieh

Seite 27 Aufgabe 9:

Infinitiv	3. Person Singular/Präsens	3. Person Singular/Präteritum
trinken	er trinkt	er trank
singen	er singt	er sang
finden	er findet	er fand
zwingen	er zwingt	er zwang
(ein-) dringen	er dringt (ein)	er drang (ein)
binden	er bindet	er band
bitten	er bittet	er bat
gelingen	er gelingt	er gelang
klingen	es klingt	es klang
sitzen	er sitzt	er saß
ringen	er ringt	er rang
schlingen	er schlingt	er schlang
schwingen	er schwingt	er schwang
schwinden	er schwindet	er schwand
stinken	er stinkt	er stank
sinken	er sinkt	er sank
winden	er windet	er wand

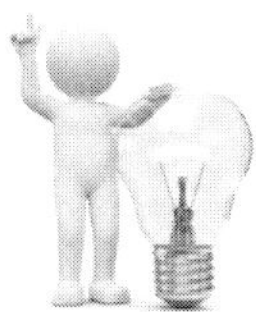

Die Lösungen

Seite 27 Aufgabe 10:

Infinitiv	3. Person Singular/Präsens	3. Person Singular/Präteritum
kriechen	er kriecht	er kroch
biegen	er biegt	er bog
bieten	er bietet	er bot
fliegen	er fliegt	er flog
fliehen	er flieht	er floh
gießen	er gießt	er goss
genießen	er genießt	er genoss
frieren	er friert	er fror
riechen	er riecht	er roch
schießen	er schießt	er schoss
schließen	er schließt	er schloss
sprießen	er sprießt	er spross
schieben	er schiebt	er schob
verlieren	er verliert	er verlor
verdrießen	es verdrießt	es verdross
wiegen	er wiegt	er wog
ziehen	er zieht	er zog

Seite 28 Aufgabe 11:

	Person	Präsens	Präteritum
Singular	1. Person: **ich**	**tue**	**tat**
	2. Person: **du**	**tust**	**tatest**
	3. Person: **er/sie/es**	**tut**	**tat**
Plural	1. Person: **wir**	**tun**	**taten**
	2. Person: **ihr**	**tut**	**tatet**
	3. Person: **sie**	**tun**	**taten**

Aufgabe 12:

	Person	Präsens	Präteritum
Singular	1. Person: **ich**	**rufe**	**rief**
	2. Person: **du**	**rufst**	**riefst**
	3. Person: **er/sie/es**	**rufst**	**rief**
Plural	1. Person: **wir**	**rufen**	**riefen**
	2. Person: **ihr**	**ruft**	**rieft**
	3. Person: **sie**	**rufen**	**riefen**

Seite 29 Aufgabe 1:

a) es geht → es ging
b) er schreibt → er schrieb
c) ich esse → ich aß
d) sie kauft → sie kaufte
e) er nimmt → er nahm

Aufgabe 2:

Im Unterricht lernten die Schüler die Namen der Tiere, die auf dem Bauernhof leben, auswendig. Am nächsten Tag fragte der Lehrer: „Mark, nenne mir doch bitte einmal 7 Tiere vom Bauernhof."
Mark zögerte keine Sekunde und antwortete wie aus der Pistole geschossen: „2 Schafe und 5 Kühe!"

Aufgabe 3:

Präsens: ich lese, du liest, er liest, wir lesen, ihr lest, sie lesen.
ich rechne, du rechnest, er rechnet, wir rechnen, ihr rechnet, sie rechnen

Präteritum: ich las, du last, er las, wir lasen, ihr last, sie lasen.
ich rechnete, du rechnetest, er rechnete, wir rechneten, ihr rechnetet, sie rechneten

Die Lösungen

Seite 30 **Aufgabe 4:**

a) Die vier gesuchten Begriffe sind: badet, malte, rufe und tranken

						B						
						A						
					G	D	W					
					J	E	W					
P	R	U	F	E	D	T	R	M	A	L	T	E
		E	K	I	M	U	P	E	Y	R		
			T	R	A	N	K	E	N			
			F	W	B	C	X	H	N			
			I	Q				C	S			
		J								L		

b)

Infinitiv	Präsens	Präteritum
trinken	wir trinken	wir tranken
baden	er badet	er badete
rufen	ich rufe	ich rief
malen	er malt	er malte

Aufgabe 5:

a) Letzte Woche kaufte sich Sandra eine neue Hose.
b) Tim malt gerade ein Bild für seinen Freund.
c) Sein Freund Werner hat heute Geburtstag.
d) Leider regnet es den ganzen Tag.
e) Werner beschließt, mit seinen Freunden ins Kino zu gehen.

Seite 31 **Aufgabe 6:**

a) 1. Pers. Pl.: wir schreiben.
b) 2. Pers. Sing.: du schreibst.
c) 3. Pers. Pl.: sie schreiben.
d) 1. Pers. Sing.: ich schreibe.
e) 2. Pers. Pl.: ihr schreibt.

Aufgabe 7:

Gestern aß ich drei Hamburger. Dazu trank ich vier Cola. Danach hatte ich Bauchschmerzen. Heute bin ich schlauer. Ich esse heute nämlich nur einen Hamburger und trinke auch nur eine Cola. Wenn ich dann heute wieder Bauchschmerzen habe, dann weiß ich, dass ich Hamburger und Cola nicht vertrage.

Aufgabe 8:

Ali kommt mal wieder zu spät zur 1. Stunde. Auf dem Flur kommt ihm die Schulleiterin Frau Schulze entgegen. Sie schaut auf ihre Uhr und sagt: „6 Minuten zu spät!" Ali nickt und antwortet ernsthaft: „Ich auch, Frau Schulze!"

Seite 32 **Aufgabe 9:**

Melanie ist keine Leuchte: Der Vater von Melanie kommt müde von der Arbeit nach Hause. Er setzt sich an den Tisch und liest die Zeitung. „Der Strom wird im nächsten Jahr um 5 % teurer!", liest er vor. „Papa, dann kannst du ja froh sein, dass ich keine große Leuchte bin!", kräht Melanie vergnügt. Der Vater runzelt die Stirn. „Hmm. da hast du wohl Recht! Bist du denn in der Schule eine große Leuchte? Weißt du denn zum Beispiel, was die Steigerung von Buchstabensuppe ist?" Melanie denkt angestrengt nach, aber sie kommt zu keinem Ergebnis. „Weißt du das denn?", fragt sie ihren Vater. „Na klar!", antwortet der. Die Steigerung von Buchstabensuppe ist Wörtersee!!!"

a) ist – war, b) kommt – kam, c) setzt sich – setzte sich, d) liest – las, e) wird – wurde, f) liest – las, g) kannst – konntest, h) bin – war, i) kräht – krähte, j) runzelt – runzelte, k) hast – hattest, l) bist – warst, m) weißt – wusstest, n) ist – war, o) denkt – dachte, p) kommt – kam, q) weißt – wusstest, r) fragt – fragte, s) antwortet – antwortete, t) ist – war.

Seite 33 **Aufgabe 10:**

a) Viele Kunden warteten in dem Laden darauf, dass sie an die Reihe kommen. Kunden warten = *3. Pers. Pl. Präsens.* Sie kommen = *3. Pers. Pl. Präsens.* b) Endlich steht Inga vor der Theke mit dem Eis. Inga steht = *3. Pers. Sing. Präsens.* c) Sie kann sich aber nicht entscheiden, welche Sorte sie nehmen soll. Sie kann = *3. Pers. Sing. Präsens.* Sie soll = *3. Pers. Sing. Präsens.* d) „Erdbeer und Zitrone passen gut zusammen", meinte der Eisverkäufer. Erdbeer und Zitrone passen = *1. Pers. Pl. Präsens.* Der Eisverkäufer meinte = *3. Pers.Sing. Präteritum.* e) Inga folgte dem Rat des Eisverkäufers. Inga folgte = *3. Pers. Sing. Präteritum.* f) Draußen setzte sie sich auf eine Mauer und genoss das Eis. Sie setzte sich = *3. Pers. Sing. Präteritum.* Sie genoss = *3. Pers. Sing. Präteritum.* g) Der Eisverkäufer wusste scheinbar, was seine Kunden wünschen. Der Eisverkäufer wusste = *3. Pers. Sing. Präteritum.* Die Kunden wünschen = *3. Pers. Pl. Präsens.*

Aufgabe 11:

a) ich fische b) ich gehe c) ich bade d) ich gebe

Die Lösungen

! Seite 34 Aufgabe 1:

a) Heute ist der erste Schultag. Wir haben eine neue Klassenlehrerin. Frau Hohe ist noch sehr jung und will sich bei uns beliebt machen. „Ich stelle euch jeden Morgen eine Frage. Wenn ihr die beantworten könnt, braucht ihr alle keine Hausaufgaben zu machen." Wir sind begeistert. Aber nur, bis die erste Frage kommt. „Wie viele Liter Wasser hat der Atlantik?" Ratloses Schweigen. Wer soll denn so etwas wissen? Am nächsten Morgen: „Wie viele Schiffe fahren in einem Monat auf den Weltmeeren?" Wieder kann das natürlich keiner beantworten.

Am nächsten Morgen hat Ali eine Idee. Er legt ein gebrauchtes Papiertaschentuch auf das Pult. Frau Hohe kommt wie immer gut gelaunt in die Klassen Sie sah das Taschentuch und fragt entsetzt: „Wer war das?" Sofort springt Ali auf und ruft: „Ich! Und jetzt bekommen wir alle keine Hausaufgaben!!!"

! Seite 35 Aufgabe 1:

b)

Infinitiv	Präsens			Präteritum		
	1. Person Singular	3. Person Singular	1. Person Plural	1. Person Singular	3. Person Singular	1. Person Plural
sein	ich bin	er ist	wir sind	ich war	er war	wir waren
haben	ich habe	er hat	wir haben	ich hatte	er hatte	wir hatten
wollen	ich will	er will	wir wollen	ich wollte	er wollte	wir wollten
stellen	ich stelle	er stellt	wir stellen	ich stellte	er stellte	wir stellten
können	ich kann	er kann	wir können	ich konnte	er konnte	wir konnten
brauchen	ich brauche	er braucht	wir brauchen	ich brauchte	er brauchte	wir brauchten
legen	ich lege	er legt	wir legen	ich legte	er legte	wir legten
kommen	ich komme	er kommt	wir kommen	ich kam	er kam	wir kamen
sehen	ich sehe	er sieht	wir sehen	ich sah	er sah	wir sahen
fragen	ich frage	er fragt	wir fragen	ich fragte	er fragte	wir fragten
springen	ich springe	er springt	wir springen	ich sprang	er sprang	wir sprangen
rufen	ich rufe	er ruft	wir rufen	ich rief	er rief	wir riefen
bekommen	ich bekomme	er bekommt	wir bekommen	ich bekam	er bekam	wir bekamen

Aufgabe 2:

Als Hausaufgaben sollen die Schüler die Namen der Tiere, die auf dem Bauernhof leben, auswendig lernen.

Am nächsten Tag fragte der Lehrer: „Mark, nenne mir doch bitte einmal 7 Tiere vom Bauernhof." Mark zögerte keine Sekunde und antwortete wie aus der Pistole geschossen: „2 Schafe und 5 Kühe!"

! Seite 36 Aufgabe 3:

a) Er räumt sein Zimmer auf. = 3. Pers. Sing.; Sie räumen ihre Zimmer auf. = 3. Pers. Pl.
b) Sie sitzen in der Eisdiele. = 3. Pers. Pl.; Er sitzt in der Eisdiele. = 3. Pers. Sing.
c) Ihr putzt die Tafel. = 2. Pers. Pl.; Du putzt die Tafel. = 2. Pers. Sing.
d) Ich kann das nicht lesen. = 1. Pers. Sing.; Wir können das nicht lesen. = 1. Pers. Pl.
e) Er fährt mit dem Fahrrad. = 3. Pers. Sing.; Sie fahren mit dem Fahrrad. = 3. Pers. Pl.
f) Wir hören Radio. = 1. Pers. Pl.; Ich höre Radio. = 1. Pers. Sing.
g) Ihr sammelt Sportbilder. = 2. Pers. Pl.; Du sammelst Sportbilder. = 2. Pers. Sing.

Aufgabe 4:

a) 1. Pers. Pl. Präsens: wir trinken
b) 2. Pers. Sing. Päteritum: du trankst
c) 3. Pers. Pl. Präsens: sie trinken
d) 1. Pers. Sing. Präteritum: ich trank
e) 2. Pers. Pl. Präsens: ihr trinkt
f) 1. Pers. Pl. Präteritum: wir tranken
g) 2. Pers. Pl. Präteritum: ihr trankt

Die Lösungen

Seite 30 **Aufgabe 4:**

a) Die vier gesuchten Begriffe sind: badet, malte, rufe und tranken

<table>
<tr><td></td><td></td><td></td><td></td><td></td><td></td><td>B</td><td></td><td></td><td></td><td></td><td></td><td></td></tr>
<tr><td></td><td></td><td></td><td></td><td></td><td></td><td>A</td><td></td><td></td><td></td><td></td><td></td><td></td></tr>
<tr><td></td><td></td><td></td><td></td><td></td><td>G</td><td>D</td><td>W</td><td></td><td></td><td></td><td></td><td></td></tr>
<tr><td></td><td></td><td></td><td></td><td></td><td>J</td><td>E</td><td>W</td><td></td><td></td><td></td><td></td><td></td></tr>
<tr><td>P</td><td>R</td><td>U</td><td>F</td><td>E</td><td>D</td><td>T</td><td>R</td><td>M</td><td>A</td><td>L</td><td>T</td><td>E</td></tr>
<tr><td></td><td></td><td>E</td><td>K</td><td>I</td><td>M</td><td>U</td><td>P</td><td>E</td><td>Y</td><td>R</td><td></td><td></td></tr>
<tr><td></td><td></td><td></td><td>T</td><td>R</td><td>A</td><td>N</td><td>K</td><td>E</td><td>N</td><td></td><td></td><td></td></tr>
<tr><td></td><td></td><td></td><td>F</td><td>W</td><td>B</td><td>C</td><td>X</td><td>H</td><td>N</td><td></td><td></td><td></td></tr>
<tr><td></td><td></td><td></td><td>I</td><td>Q</td><td></td><td></td><td></td><td>C</td><td>S</td><td></td><td></td><td></td></tr>
<tr><td></td><td></td><td>J</td><td></td><td></td><td></td><td></td><td></td><td></td><td></td><td>L</td><td></td><td></td></tr>
</table>

b)

Infinitiv	Präsens	Präteritum
trinken	wir trinken	wir tranken
baden	er badet	er badete
rufen	ich rufe	ich rief
malen	er malt	er malte

Aufgabe 5:

a) Letzte Woche kaufte sich Sandra eine neue Hose.
b) Tim malt gerade ein Bild für seinen Freund.
c) Sein Freund Werner hat heute Geburtstag.
d) Leider regnet es den ganzen Tag.
e) Werner beschließt, mit seinen Freunden ins Kino zu gehen.

Seite 31 **Aufgabe 6:**

a) 1. Pers. Pl.: wir schreiben.
b) 2. Pers. Sing.: du schreibst.
c) 3. Pers. Pl.: sie schreiben.
d) 1. Pers. Sing.: ich schreibe.
e) 2. Pers. Pl.: ihr schreibt.

Aufgabe 7:

Gestern aß ich drei Hamburger. Dazu trank ich vier Cola. Danach hatte ich Bauchschmerzen. Heute bin ich schlauer. Ich esse heute nämlich nur einen Hamburger und trinke auch nur eine Cola. Wenn ich dann heute wieder Bauchschmerzen habe, dann weiß ich, dass ich Hamburger und Cola nicht vertrage.

Aufgabe 8:

Ali kommt mal wieder zu spät zur 1. Stunde. Auf dem Flur kommt ihm die Schulleiterin Frau Schulze entgegen. Sie schaut auf ihre Uhr und sagt: „6 Minuten zu spät!" Ali nickt und antwortet ernsthaft: „Ich auch, Frau Schulze!"

Seite 32 **Aufgabe 9:**

Melanie ist keine Leuchte: Der Vater von Melanie kommt müde von der Arbeit nach Hause. Er setzt sich an den Tisch und liest die Zeitung. „Der Strom wird im nächsten Jahr um 5 % teurer!", liest er vor. „Papa, dann kannst du ja froh sein, dass ich keine große Leuchte bin!", kräht Melanie vergnügt. Der Vater runzelt die Stirn. „Hmm. da hast du wohl Recht! Bist du denn in der Schule eine große Leuchte? Weißt du denn zum Beispiel, was die Steigerung von Buchstabensuppe ist?" Melanie denkt angestrengt nach, aber sie kommt zu keinem Ergebnis. „Weißt du das denn?", fragt sie ihren Vater. „Na klar!", antwortet der. Die Steigerung von Buchstabensuppe ist Wörtersee!!!"

a) ist – war, b) kommt – kam, c) setzt sich – setzte sich, d) liest – las, e) wird – wurde, f) liest – las, g) kannst – konntest, h) bin – war, i) kräht – krähte, j) runzelt – runzelte, k) hast – hattest, l) bist – warst, m) weißt – wusstest, n) ist – war, o) denkt – dachte, p) kommt – kam, q) weißt – wusstest, r) fragt – fragte, s) antwortet – antwortete, t) ist – war.

Seite 33 **Aufgabe 10:**

a) Viele Kunden warteten in dem Laden darauf, dass sie an die Reihe kommen. Kunden warten = *3. Pers. Pl. Präsens*. Sie kommen = *3. Pers. Pl. Präsens*. b) Endlich steht Inga vor der Theke mit dem Eis. Inga steht = *3. Pers. Sing. Präsens*. c) Sie kann sich aber nicht entscheiden, welche Sorte sie nehmen soll. Sie kann = *3. Pers. Sing. Präsens*. Sie soll = *3. Pers. Sing. Präsens*. d) „Erdbeer und Zitrone passen gut zusammen", meinte der Eisverkäufer. Erdbeer und Zitrone passen = *1. Pers. Pl. Präsens*. Der Eisverkäufer meinte = *3. Pers.Sing. Präteritum*. e) Inga folgte dem Rat des Eisverkäufers. Inga folgte = *3. Pers. Sing. Präteritum*. f) Draußen setzte sie sich auf eine Mauer und genoss das Eis. Sie setzte sich = *3. Pers. Sing. Präteritum*. Sie genoss = *3. Pers. Sing. Präteritum*. g) Der Eisverkäufer wusste scheinbar, was seine Kunden wünschen. Der Eisverkäufer wusste = *3. Pers. Sing. Präteritum*. Die Kunden wünschen = *3. Pers. Pl. Präsens*.

Aufgabe 11:

a) ich fische b) ich gehe c) ich bade d) ich gebe

Die Lösungen

! Seite 34 Aufgabe 1:

a) Heute ist der erste Schultag. Wir haben eine neue Klassenlehrerin. Frau Hohe ist noch sehr jung und will sich bei uns beliebt machen. „Ich stelle euch jeden Morgen eine Frage. Wenn ihr die beantworten könnt, braucht ihr alle keine Hausaufgaben zu machen." Wir sind begeistert. Aber nur, bis die erste Frage kommt. „Wie viele Liter Wasser hat der Atlantik?" Ratloses Schweigen. Wer soll denn so etwas wissen? Am nächsten Morgen: „Wie viele Schiffe fahren in einem Monat auf den Weltmeeren?" Wieder kann das natürlich keiner beantworten.
Am nächsten Morgen hat Ali eine Idee. Er legt ein gebrauchtes Papiertaschentuch auf das Pult. Frau Hohe kommt wie immer gut gelaunt in die Klassen Sie sah das Taschentuch und fragt entsetzt: „Wer war das?" Sofort springt Ali auf und ruft: „Ich! Und jetzt bekommen wir alle keine Hausaufgaben!!!"

! Seite 35 Aufgabe 1:

b)

Infinitiv	Präsens			Präteritum		
	1. Person Singular	3. Person Singular	1. Person Plural	1. Person Singular	3. Person Singular	1. Person Plural
sein	ich bin	er ist	wir sind	ich war	er war	wir waren
haben	ich habe	er hat	wir haben	ich hatte	er hatte	wir hatten
wollen	ich will	er will	wir wollen	ich wollte	er wollte	wir wollten
stellen	ich stelle	er stellt	wir stellen	ich stellte	er stellte	wir stellten
können	ich kann	er kann	wir können	ich konnte	er konnte	wir konnten
brauchen	ich brauche	er braucht	wir brauchen	ich brauchte	er brauchte	wir brauchten
legen	ich lege	er legt	wir legen	ich legte	er legte	wir legten
kommen	ich komme	er kommt	wir kommen	ich kam	er kam	wir kamen
sehen	ich sehe	er sieht	wir sehen	ich sah	er sah	wir sahen
fragen	ich frage	er fragt	wir fragen	ich fragte	er fragte	wir fragten
springen	ich springe	er springt	wir springen	ich sprang	er sprang	wir sprangen
rufen	ich rufe	er ruft	wir rufen	ich rief	er rief	wir riefen
bekommen	ich bekomme	er bekommt	wir bekommen	ich bekam	er bekam	wir bekamen

Aufgabe 2:

Als Hausaufgaben sollen die Schüler die Namen der Tiere, die auf dem Bauernhof leben, auswendig lernen.
Am nächsten Tag fragte der Lehrer: „Mark, nenne mir doch bitte einmal 7 Tiere vom Bauernhof." Mark zögerte keine Sekunde und antwortete wie aus der Pistole geschossen: „2 Schafe und 5 Kühe!"

! Seite 36 Aufgabe 3:

a) Er räumt sein Zimmer auf. = 3. Pers. Sing.; Sie räumen ihre Zimmer auf. = 3. Pers. Pl.
b) Sie sitzen in der Eisdiele. = 3. Pers. Pl.; Er sitzt in der Eisdiele. = 3. Pers. Sing.
c) Ihr putzt die Tafel. = 2. Pers. Pl.; Du putzt die Tafel. = 2. Pers. Sing.
d) Ich kann das nicht lesen. = 1. Pers. Sing.; Wir können das nicht lesen. = 1. Pers. Pl.
e) Er fährt mit dem Fahrrad. = 3. Pers. Sing.; Sie fahren mit dem Fahrrad. = 3. Pers. Pl.
f) Wir hören Radio. = 1. Pers. Pl.; Ich höre Radio. = 1. Pers. Sing.
g) Ihr sammelt Sportbilder. = 2. Pers. Pl.; Du sammelst Sportbilder. = 2. Pers. Sing.

Aufgabe 4:

a) 1. Pers. Pl. Präsens: wir trinken
b) 2. Pers. Sing. Päteritum: du trankst
c) 3. Pers. Pl. Präsens: sie trinken
d) 1. Pers. Sing. Präteritum: ich trank
e) 2. Pers. Pl. Präsens: ihr trinkt
f) 1. Pers. Pl. Präteritum: wir tranken
g) 2. Pers. Pl. Präteritum: ihr trankt

Die Lösungen

! **Seite 37** Aufgabe 5: a)

								Z	E	K				
									F	G				
									L	V	R	R		
									Ü	Q	A	T	U	
									S	B	T	H	S	X
						D	Q	P	T	J	E	N	E	Z
				I	W	L	B	O	E	D	N	I	K	
		B	D	S	E	G	F	M	R	Y	D	C		
		L	C	F	I	M	R	R	N	L	S	V		
	O	I	A	K	N	P	A	Z	F	W	R	B		
	U	C	X	D	E	K	G	Z	U	D	U	F		
	D	K	L	X	N	O	E	A	S	G	F	H		
L	G	E	Q	J	H	J	N	M	G	W	E			
I	H	N	Y	Z	L	X	S			T	N			
	G	O	O	Y	U	C				E	P	D		
						B					X	O		

b)

Personalpronomen + Präsens	konjugiertes Verb + Präterium	Infinitiv
Bsp.: **ich** esse	ich aß	essen
ich weine	ich weinte	weinen
du blickst	du blicktest	blicken
er ruft	er rief	rufen
wir flüstern	wir flüsterten	flüstern
ihr fragt	ihr fragtet	fragen
sie raten	sie rieten	raten

! **Seite 38** Aufgabe 6: ich singe – ich sang – du rennst – du ranntest – er kann – er konnte – sie darf – sie durfte – es soll – es sollte – wir raten – wir rieten – ihr wascht – ihr wuscht – sie graben – sie gruben.

Aufgabe 7 a):

a) In der Wagnerstraße brennt ein Haus.
b) Monikas Mutter ruft die Feuerwehr.
c) Mit lautem „Tatü-Tata. Tatü-Tata. kommt der Löschzug angebraust.
d) Ganz schnell werden die Wasserschläuche ausgerollt und dann heißt es „Wasser marsch!"
e) Schnell sind die Flammen erstickt und nur noch dichter Qualm war zu sehen.
f) Zum Glück gab es nur Sachschaden.

! **Seite 39** Aufgabe 7 b):

a) In der Wagnerstraße brannte ein Haus.
b) Monikas Mutter rief die Feuerwehr.
c) Mit lautem „Tatü-Tata. Tatü-Tata. kam der Löschzug angebraust.
d) Ganz schnell wurden die Wasserschläuche ausgerollt und dann hieß es „Wasser marsch!"
e) Schnell waren die Flammen erstickt und nur noch dichter Qualm war zu sehen.
f) Zum Glück gab es nur Sachschaden.

Aufgabe 8:

								Y								
							C	F	O							
					K	T	E	U	Q	W	L					
				B	U	F	P	Y	N	S	X	P				
			O	Q	R	J	Z	Z	Z	C	N	T	B			
		M	D	H	J	B	F	R	O	H	Q	A	Q	S		
	S	P	R	I	N	G	E	N	P	E	I	N	P	I	C	
Q	C	U	D	M	V	E	Y	E	P	R	V	Z	D	N	Q	Q
Y	D	H	Ü	P	F	E	N	P	L	Z	I	E	I	G	R	B
	U	D	U	H	T	H	P	W	Q	E	S	N	T	E	W	
		G	L	A	C	H	E	N	K	N	W	S	O	N		
					W	I	J	A	D	T	K					

a) ihr scherzt – ihr scherztet.
b) ihr springt – ihr sprangt.
c) ihr lacht – ihr lachtet.
d) ihr singt – ihr sangt.
e) ihr tanzt – ihr tanztet.
f) ihr hüpft – ihr hüpftet.

Die Lösungen

! Seite 40 Aufgabe 9: Orcas sind Schwertwale und können über 9 m lang werden. Sie sind sehr soziale Tiere und haben sogar eine eigene Sprache. Über sie verständigen sie sich mit anderen Familienmitgliedern. So wissen sie immer, welcher Orca in der Nähe ist. Sie informieren die anderen, wenn sie eine Beute entdecken. Dabei entwickeln die Orcas sogar eigene Dialekte. Die Geräusche, die sie machen, klingen von Familie zu Familie unterschiedlich.

Aufgabe 10: **Sim Sala Bim:** Sandra hat keinen Bock auf Lesen. Sie findet Lesen doof. Da hat ihr Vater eine Idee. Er zeigt seiner Tochter einen Zaubertrick. Sandra ist begeistert und will wissen, wie das geht. Ihr Vater nimmt ein Blatt Papier und schreibt seiner Tochter auf, was sie machen muss, damit der Trick funktioniert. Ohne zu murren liest Sandra den langen Text und versucht dann, den Trick nachzumachen. Viermal muss sie alles lesen, doch dann: „Juhu – es klappt! Ich kann zaubern! Papa – schreibst du mir bitte noch einen Trick auf?"

Seite 41 Aufgabe 11: Individuelle Lösung, z.B.:

!

Infinitiv	Präsens	Präteritum
kommen	Herr Müller kommt in die Klasse.	Herr Müller kam in die Klasse.
	Die Schüler stehen alle auf.	Die Schüler standen alle auf.
	Die Schüler begrüßen den Lehrer.	Die Schüler begrüßten den Lehrer.
	Alle setzen sich wieder hin.	Alle setzten sich wieder hin.
	Die Schüler schlagen ihre Hefte auf.	Die Schüler schlugen ihre Hefte auf.
	Peter liest die Hausaufgaben vor.	Peter las die Hausaufgaben vor.

Aufgabe 12: a)

				F	R	P	F	M				
		Ü	B	E	R	L	E	G	E	N		
	V	A	P	O	R	A	T	E	N	X	D	
	M	L	M	U	Q	X	L	L	A	P	C	
E	V	C	G	I	B	K	D	E	N	K	E	N
I	L	Q	A	B	W	K	M	W	W	C	L	T
F	X	W	F	S	S	N	V	P	D	G	Q	T
I	V	I	L	P	L	O	B	X	N	M	F	Y
C	F	S	Ö	Z	Y	B	S	W	V	U	H	P
	Z	S	S	F	U	E	R	X	P	H	B	
	W	E	E	X	U	L	F	S	J	R	U	
		N	N	G	E	N	H	M	D	K		
				S	C	I	K	Z				

Seite 42 Aufgabe 12: b)

!

Infinitiv	Präsens	Präteritum
lösen	wir lösen	sie lösten
	du löst	ich löste
	ihr löst	es löste
	sie lösen	wir lösten
	er löst	du löstest
	ich löse	ihr löstet

Aufgabe 13: **Purzel hatte Hunger:** Unser Deutschlehrer Herr Schreiber kommt schlecht gelaunt in die Klasse. „Hefte raus!", kommandiert er. „Ich will eure Hausaufgaben sehen!" Au weia – ich habe natürlich mal wieder mein Heft nicht dabei. Prompt ruft Herr Schreiber mich auf.

„Ich kann Ihnen die Hausaufgabe erst morgen zeigen", lüge ich. „Meine Mutter brauchte das Heft, um ihre Einkaufsliste aufzuschreiben."

Am nächsten Morgen habe ich mein Heft wieder nicht dabei. „Auf der Einkaufsliste stand Fleisch, Käse und Wurst. Da hat unser Hund sie einfach aufgefressen. Tja – was sollte ich da machen?"

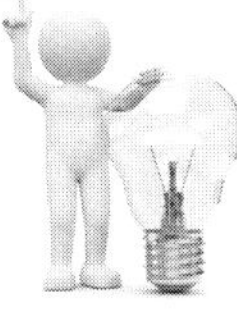

Die Lösungen

! Seite 43 Aufgabe 14:

a) Klaus kam zu spät zum Sport. Er vergaß seine Sportsachen. Er entschuldigte sich bei Herrn Hölscher.

Herr Hölscher trug ihn trotzdem ins Klassenbuch ein. Es war für Klaus schon die 3. Eintragung. Deshalb musste Klaus zum Schulleiter gehen. Er versprach, ab jetzt immer pünktlich zu sein.

b) Klaus kommt zu spät zum Sport. Er vergisst seine Sportsachen. Er entschuldigt sich bei Herrn Hölscher.

Herr Hölscher trägt ihn trotzdem ins Klassenbuch ein. Es ist für Klaus schon die 3. Eintragung. Deshalb muss Klaus zum Schulleiter gehen. Er verspricht, ab jetzt immer pünktlich zu sein.

! Seite 44 Aufgabe 15:

Nina freute sich! Endlich lag die lang ersehnte, neue Geige in ihrem Geigenkasten. Das glänzend lackierte Holz sah so schön aus! Und die erste Geigenstunde in der Musikschule stand vor der Tür!

Am nächsten Tag nahm Nina ihren Geigenkasten und ging stolz zur ersten Geigenstunde. Sie öffnete die Tür zum Unterrichtsraum und legte den Kasten auf den Tisch. „Hier, Frau Müller!" sagte sie zu ihrer Lehrerin. Sie klappte den Kasten auf und – leer! Ihr Instrument wartete daheim in ihrem Zimmer auf sie!

★ Seite 45 Aufgabe 1:

a) Peter hat Geburtstag. Er, seine Eltern und seine besten Freunde fahren in den Zoo. Die Sonne scheint und die Tiere sind alle draußen. „Schaut mal, was der Affe da macht", ruft Martin seinen Freunden zu. Sofort heben alle die Köpfe. „Ich sehe nichts", meint Peter. Seine Mutter stimmt ihm zu. „Seid ihr denn blind? Der Affe klaut der Frau gerade die Handtasche." Martin hat Recht und die Kinder haben viel Spaß. Danach spendiert Peters Vater für alle ein Eis. Am Abend sind sich alle einig: Im Zoo ist es immer wieder schön.

b) Peter hatte Geburtstag. Er, seine Eltern und seine besten Freunde fuhren in den Zoo. Die Sonne schien und die Tiere waren alle draußen. „*Schaut* mal, was der Affe da *macht*", rief Martin seinen Freunden zu. Sofort hoben alle die Köpfe. „Ich *sehe* nichts", meinte Peter. Seine Mutter stimmte ihm zu. „*Seid* ihr denn blind? Der Affe *klaut* der Frau gerade die Handtasche." Martin hatte Recht und die Kinder hatten viel Spaß. Danach spendierte Peters Vater für alle ein Eis. Am Abend waren sich alle einig: Im Zoo *ist* es immer wieder schön.

★ Seite 46 Aufgabe 2:

Sturmwarnung: Gestern war es draußen sehr ungemütlich. Der Sturm pfiff um das Haus und rappelte an den Türen. Der Regen prasselte an die Scheiben. Im Radio wurde das Unwetter zwar schon am Morgen angesagt, aber es war schlimmer als befürchtet. Später erfuhren wir, dass der Sturm in der ganzen Gegend beträchtlichen Schaden anrichtete. Wir freuten uns, dass wir ein festes Dach über dem Kopf hatten.

Aufgabe 3:

a) Sieben kleine Meisen – sitzen auf dem Ast.
Sieben kleine Meisen – halten kurze Rast.
Sieben kleine Meisen – geben sich Bericht.
Sieben kleine Meisen, – ich verstehe sie nicht.
Sieben kleine Meisen – fliegen wieder fort.
In die blaue Weite. – und ich bleibe am Ort.

★ Seite 47 Aufgabe 3:

b) sitzen, halten, geben, verstehen, fliegen, bleiben.

Aufgabe 4:

Der Vater von Melanie kam müde von der Arbeit nach Hause. Er setzte sich an den Tisch und las die Zeitung. „Der Strom wird im nächsten Jahr um 5 % teurer!", liest er vor. „Papa, dann kannst du ja froh sein, dass ich keine große Leuchte bin!", krähte Melanie vergnügt. Der Vater runzelte die Stirn. „Hmm. da hast du wohl Recht! Bist du denn in der Schule eine große Leuchte? Weißt du zum Beispiel, was die Steigerung von Buchstabensuppe ist?" Melanie dachte angestrengt nach, aber sie kam zu keinem Ergebnis. „Weißt du das denn?", fragte sie ihren Vater. „Na klar!", antwortete der. Die Steigerung von Buchstabensuppe ist Wörtersee!!!"

Die Lösungen

★ Seite 48 — Aufgabe 5:

Unser Hund heißt / hieß Jack. Jack ist / war ein großer, schwarzer Schäferhund. Meistens liegt / lag er faul in der Ecke. Aber wenn jemand an der Tür steht / stand, dann bellt / bellte er ganz laut. Die meisten Menschen haben / hatten dann Angst. Dabei will / wollte Jack uns mit seinem Gebell nur rufen.

Aufgabe 6:

Im Unterricht sollten die Schüler die Namen der Tiere, die auf dem Bauernhof leben, auswendig lernen. Am nächsten Tag fragte der Lehrer: „Mark, nenne mir doch bitte einmal 7 Tiere vom Bauernhof." Mark zögerte keine Sekunde und antwortete wie aus der Pistole geschossen: „2 Schafe und 5 Kühe!"

★ Seite 49 — Aufgabe 7:

Der Deutschlehrer schaute in Monikas Heft und schüttelte entsetzt den Kopf. „Monika, wie konntest du nur Vogel mit F am Anfang schreiben?" Monika grinste: „Ganz einfach, Herr Müller – mit dem Bleistift!"

Aufgabe 8:

Im Präteritum stehen die Sätze b), c), e), h), und i).

★ Seite 50 — Aufgabe 9:

a) = raten – er rät – er riet
b) = hoffen – ihr hofft – ihr hofftet
c) = baden – du badest – du badetest
d) = jubeln – wir jubeln – wir jubelten

★ Seite 51 — Aufgabe 10:

„Im Kino läuft „Fack ju, Göhte". – „Moment, brachten sie den nicht schon vor einem halben Jahr?" – „Ach nein, das ist ja eine neue Folge! Komm, lass uns hingehen!" – „Da war ich doch schon gestern!"

Aufgabe 11:

Individuelle Lösungen:

a) Präsens

Bild 1: Ein Mann geht spazieren, als ihm der Wind seinen Hut vom Kopf bläst. Ein Frosch sitzt im Gras und beobachtet die Szene.
Bild 2: Der Hut fällt ins Gras und hüpft weg. Der Mann versucht, dem Hut zu folgen und zu fangen.
Bild 3: Der Mann kann den Hut nicht fangen. Er bleibt wütend stehen.
Bild 4: Unter dem Hut krabbelt der Frosch hervor. Er guckt zufrieden und schmunzelt.

★ Seite 52 — Aufgabe 11:

Individuelle Lösungen:

b) Präteritum

Bild 1: Ein Mann ging spazieren, als ihm der Wind seinen Hut vom Kopf blies. Ein Frosch saß im Gras und beobachtete die Szene.
Bild 2: Der Hut fiel ins Gras und hüpfte weg. Der Mann versuchte, dem Hut zu folgen und ihn zu fangen.
Bild 3: Der Mann konnte den Hut nicht fangen. Er blieb wütend stehen.
Bild 4: Unter dem Hut krabbelte der Frosch hervor. Er guckte zufrieden und schmunzelte.

Aufgabe 12:

a) Präteritum b) Präteritum c) Präsens d) Präteritum e) Präsens f) Präteritum g) Präsens h) Präteritum

---

★ Seite 53 — Aufgabe 13:

1. Meine erste große Liebe → treffe ich mit neun Jahren.
2. Nina ist ein Jahr → jünger als ich.
3. Ich erinnere mich an die → völlig neuen Gefühle, die ich habe.
4. Ich gehe in die Sporthalle und → da sitzt sie auf der Tribüne.
5. Ich setze mich neben sie → und vergesse das Spiel auf dem Platz.
6. Ich bin total verliebt, → aber sie lächelt nicht einmal.